WEALTH

天窗出版

美元霸權
衰落時

梁樹德 著

目錄

帶你面對美元衰落的挑戰

周志偉（Chau Wilton）
BSc; LLB; MBA; DBA; FCCA
香港中文大學商學院
創業專業應用教授

這是一本有關於環球金融市場及美元霸權的書。書中詳細交代了美元怎樣一步一步地成為全球金融的交易貨幣。從信用評級至指數成份等例子，書中詳述了金融話語權的厲害之處，甚至於用不公平的手段影響其他國家的經濟及金融運作。不過，「絕對權力絕對使人腐化」，在一個完全沒有挑戰者及基本上只有一個國家為主導的金融秩序裏，美國及美元霸權亦因美國自己的政策如量化寬鬆，金融收割等，令其他國家漸漸對美國及美元資產感到懷疑，並開始尋找第二種選擇，這促成美元霸權的衰落。

為論述其見解、本書搜集及整理海量的資料。在細讀後，讀者應該會有走過最近20年這段金融動盪旅程的感覺。另外，書中亦分析在中國及香港的投資者怎樣面對未來的挑戰，例如美元衰落，環保、科技創新、高息及通脹等問題。雖然每個人都應該依據自己的情況做投資決定，但本書已在不同的方向為讀者提供分析和意見，從而更有效的找出最適合自己的投資組合。

美元霸權裂痕擴大
多元結算體系冒起

任何國家，即使有自己的貨幣，都總會受到美元的影響。香港的法
定貨幣是港元，生活也與美元息息相關。美元是大多數國際金融
交易的計價和結算貨幣，幾乎全球所有金融產品的定價，並以美元
的資金成本為估值的基礎，美國利率的升跌決定全球利率和資金成
本的走向，最簡單是美國每逢調整息率，香港人的供樓壓力必受影
響；美元也幾乎是全球所有大宗商品的定價和結算媒介，美元匯價
的變動直接影響著商品的價格、企業以至國家的收支；到某些國家
旅行，還得要先兌換美元才可換成該國貨幣；在社會信心危機下，
大家首先討論的，是放棄自己的貨幣，再兌換成美元自保⋯⋯

美國自二戰後發展的強大國力，自詡要在國際社會上發揮足夠大
的影響力指導全球，美國前總統杜魯門（Harry Truman）於1947
年更向世界發表豪情壯語「全世界應採用美國制度」（the whole
world should adopt the American system）。這有如呼應法國
哲學家伏爾泰的經典金句「偉大的責任離不開巨大的權力」（great
responsibility follows inseparably from great power）。美元
在行使其世界貨幣職能時，為收取貨幣稅提供正當性。然而，在人
性貪婪的驅使下，美元的強大，沒有造就了美國更大的全球責任、

沒有促進國際間的自由貿易，卻演變成一種為謀取私利而被濫用的特權，「美元霸權」由此而生。

以低成本印鈔換別國優質資產

這種「霸權」讓美國即使面對龐大的國際收支赤字，能夠無限量地以發行更多的債務去償還債務、能夠以幾分錢印製美鈔的成本，換取別國的優質資產、能夠通過控制貨幣的發行量來製造全球金融市場的動盪、能夠讓僅佔全球5%的美國人口，以信貸方式消耗全球逾四分一的資源、能夠冠冕堂皇地以改善經濟為藉口，在高債務、高赤字的情況下，免除美國企業以至個人信貸的責任、能夠以其控制美元供應的地位，隨便以金融方式制裁別國。這種「霸權」無疑是招致愈來愈多不公平和腐敗。

不過，美元地位再強大，絕非無可替代，這個「霸權」在1944年確立後，截至此書出版的2023年初，橫行還未夠80年，在世界貨幣歷史中，只屬一個非常短暫的過客。黃金曾被視為上帝的貨幣，在人類文明發展的歷史中，其儲存價值的信心根深柢固，但也有被替代之時，更何況只有短短數十年的美元體系。貨幣只是降低交易成本、釐清價值的工具，當以美元作為交易媒介的成本邊升、當美元扭曲了真正供需市場的定價機制時，以美元為中心的貨幣體系便自然會被取代。

這種體系正面對危機,以美元為首的發達國家貨幣體系,其以債務推動經濟的方式,已使得濫發貨幣的情況已超前耗盡了未來幾十年的經濟增量。2022年以來,發達國家通脹急升只是前奏,在難以更進一步以赤字營造虛假的經濟榮景下,經濟衰退,甚至長期滯脹的發生也只是時間問題。才剛開始的緊縮政策,已導致英國率先出現貨幣危機,對以美元為首的法定貨幣體系響起警號。美元霸權的裂痕正在迅速擴大。

美元體系定價模式正在改變

在這之前,全球各國央行亦啟動了去美元化的趨勢,多種貨幣互換機制和以本幣結算的貿易協議正在應運而生,央行正重回以貿易需要為基礎的多元化儲備發展。美元失勢將是一個漫長漸進的過程,「美元霸權」衰落也並不等於是美元沒落,因為美元很可能不會消失,也很大機會繼續是全球的重要儲備貨幣之一,英鎊就是一個例子,只是美國因為美元霸權而所享有的獨特優勢,將會因為競爭者或補充者的出現而被淡化。這亦反映美元作為全球貨幣體系的地位並非牢不可破,只是全球國家在美元的替代品出現前,要小心避免因為貨幣體系的遽變而導致自己出現難以承受的局面。

無論如何,一個以多種貨幣、重要大宗商品為基礎的結算體系、定價體系和國際貿易關係正在形成。全球投資者也必需正視一個事實,就是以美元體系的定價模式正要發生改變。在過去50年裡,

全球投資人相信擁有美元比擁有資源更為可靠，這種信仰亦已出現裂痕。

港元掛鉤美元　前景增變數

在這美元霸權衰落、新的結算體系萌芽的局勢下，身處香港的投資者所面對的挑戰尤其困難。對內，面對中國經濟崛起，以往香港的角色正快速地被淡化，香港經濟以至港人的競爭力正被削弱；對外，美元體系的消殞、中美間的競爭，令實行聯繫匯率制度的港元前景增添變數。拙作正是在這個背景下出版，嘗試以最基本的常識和邏輯，釐清貨幣的根源、美元和美元體系的問題，以及對港人資產的影響，最後，我們應當如何看待這變幻的未來？

在2021年底至2022年初期間，我在專欄「佛系股評」中數次提到美元危機、聯儲局與人民銀行成為世界雙央行、中美競爭，中國堅持待美國重啟加息和緊縮時反其道減息寬鬆等見解，愚見被天窗出版社的編輯看到，提議我再詳述觀點和指出投資建議，因而成書。

本書的面世得到很多人的幫助，包括天窗出版社的支持，尤其是編輯黃詠茵小姐負責本書的編輯工作，協助我把雜亂無章的想法匯總成書，又重新整理書中的數據和圖表。特別感謝同事倪嘉偉幫助我校對初稿和搜尋數據。我也感謝佛系股評Patreon的付費會員，容忍我在寫書期間減少了在Patreon發文，更重要是在2022年7月

至11月期間在港股進一步下跌時，能夠陪我堅持對基本邏輯和常識的信賴，幸運地在年底開始，我身體力行的投資也陸續出現理想回報。

在這種巨大歷史性變動的洪流中，我也是管窺筐舉，只能提醒大家返本追源，著眼實質經濟和把握好最基礎的投資概念，以之應用於日常的個人理財，期望能在亂世中力保不失。

THE GREAT SEAL

第1部

美元霸權
盛極而衰

 # 能源戰夾通縮 霸權衰落的前奏

2020年新冠肺炎從武漢擴散至全球。肉眼看不到的微小病毒，令全球生產鏈出現最大規模的停頓狀態，產生的連鎖效應，卻令以美元為代表的法定貨幣體系面對危機，這是美元霸權面對盛極而衰的轉捩點。

疫情帶來的，首當其衝是環球停工停產，油價從平均每桶60美元的水平，在短短一個月急降至每桶30美元。2020年4月，特朗普（Donald Trump）政府急忙找石油輸出國組織（OPEC）及俄羅斯配合減產，企圖令油價停止下跌，減少美國石油企業的損失，不過換來的，卻是沙特阿拉伯及俄羅斯的不合作，令石油市場出現從未見過的恐慌，紐約期油合約（WTI）價格，從極低水平的每桶20美元進一步急挫至負值，最低曾觸及每桶負37.63美元，這是歷史以來首宗負油價的出現，能源價格竟然貼錢都無人要。

圖表 1.1　2019 年至 2022 年 9 月紐約期油合約價格走勢

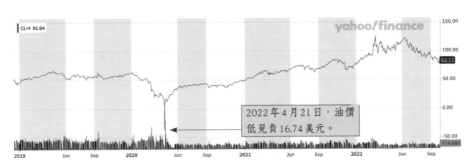

2022 年 4 月 21 日，油價
低見負 16.74 美元。

註：資料截至 2022 年 9 月底
資料來源：Yahoo Finance

媒體上出現較令人接受的口徑是，工業停產已令到全球範圍的油
倉、油船爆滿，賣方要倒貼運費倉費才可能找到買家。但一個不宣
之於口的事實是，石油市場一直都是賣家主導，幾個重要產油國只
要肯稍為配合，幾乎可完全控制石油價格的升跌；大眾媒體似乎是
刻意忽略以石油作為主要收入來源的 OPEC 國家和俄羅斯，竟然
會聯手促成油價急跌至負值的局面的背後意義。普羅大眾更未有驚
覺國際關係已悄然發生巨大變化。

加倍量化寬鬆必招通脹爆發

伴隨著負油價而起的，還有通縮。一如以往，美國處理經濟收縮的
解決方法是貨幣寬鬆政策。只要有經濟收縮的風險出現，聯儲局便

會把利率下調4%至5%。但因為2008年金融海嘯發生後，美國已處於利率極低的水平，無法減息的情況下，聯儲局只好在疫情發生後，加倍量化寬鬆規模，以增加貨幣供應的方式迴避通縮的出現。但貨幣供應急增必然導致通貨膨脹在未來爆發，因經濟活動停頓而導致的供應鏈樽頸，只會令通脹問題更早出現和變得更難處理。

2022年2月，美國公布通脹數字上升至7.5%之際，俄羅斯在同月入侵烏克蘭，令歐洲地區供應鏈斷裂，能源危機、糧食危機幾乎在同一時間出現，商品價格進一步上揚。面對種種問題，美國施盡渾身解數，包括了以拖延俄烏戰線，企圖消耗俄羅斯的軍事和財政力量，並以之突顯中、俄的軍事能力遠遠落後於歐美國家；在金融上，用SWIFT（The Society for Worldwide Interbank Financial Telecommunication，中文為「環球銀行金融電信協會」）的獨特地位，採取全球的「長臂管轄」（long-arm jurisdiction），以金融制裁的方式強迫其他國家向美國靠攏；外交上，牽起中台衝突、又重啟已擱置多年的各種峰會，並領頭G7啟動「全球基礎建設與投資伙伴關係」，企圖以之抵制中國的「一帶一路」戰略；經濟上，主動放棄長期行之有效的全球化經濟，以補貼、法令等方式全面推動貿易保護和提倡美國
製造，又以制裁方式試圖限制競爭對手
的增長；在金融政策上，順著
美國通脹勢頭，推動

「強美元」政策，企圖以之加速新興經濟體的資金外流、實行收割全球，為美國過度的寬鬆政策成本埋單。

美元雖強勢國債卻失流動性

不過，美國這些招數似乎是無功而還。2022年以來，聯儲局議息了8次、當中宣布7次加息，並推動量化緊縮政策，美國聯邦基金利率從0.25%上升至4.5%，曾令美元指數從年初低位94.63，上升21%至9月的高位約114（見圖表1.2），一時間，美國的強美元政策似乎奏效。表面上美元匯價在2022年表現強勢，實際上美元資產（包括股匯債）在全球的需求卻明顯地正在下跌。一來是因為美國經濟及貿易的規模佔全球正在縮減，外國要持有美元作為交易基礎的需求下降；二來是美國的財政狀況已千瘡百孔，長期赤字和不斷提升的債務，不但令其他國家擔憂其還債能力，也成為其他國家的重大風險；三來是美國的專橫跋扈和無止境免除企業和私人債務的決策，令人更不相信其會履行責任的承諾。

所以，即使美國十年債券殖利率已升至接近4厘，但美國長債仍然乏人問津，單是日本和中國這兩個最大美債持份國家便在2022年間個共減持了近三千億美債；在缺乏聯儲局的購債寬鬆政策下，美國國債市場正在喪失流動性，美債市場所呈現的脆弱程度，令這個無風險利率作為全球資產定價基準的地位正面臨不堪一擊的局面。

圖表1.2 美國2022年7次加息歷程與美元指數

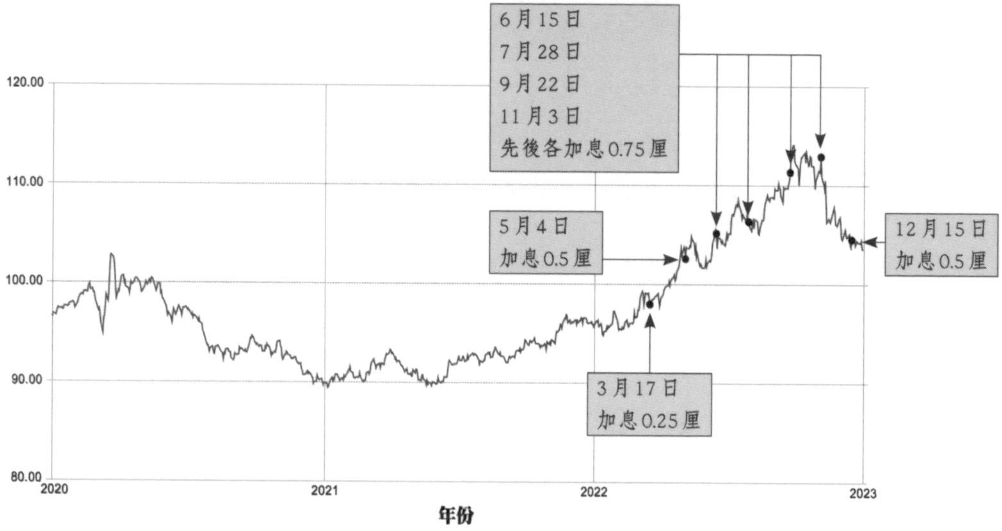
6月15日
7月28日
9月22日
11月3日
先後各加息0.75厘
5月4日
加息0.5厘
12月15日
加息0.5厘
3月17日
加息0.25厘
120.00
110.00
100.00
90.00
80.00
2020
2021
2022
2023
年份

註：2020年至2021年美聯儲局未有任何加息決議

美國聯邦基金利率已從9月的3.25%上升至12月底的4.5%，但年底的美元指數卻從10月的高位114.78回落至年底大約104水平（見圖表1.2）；而弱化了的美元，卻未有為美股帶來提振作用，納斯達克指數在12月迎來今年新低，全年跌幅超過三成。美國正在以這重股債匯三殺的局面步入2023年，前路將更加困難，強黏性的價格/薪酬螺旋已然形成，強行推動本土製造正換來更低的生產效率，從而確立了長期的滯脹形勢；從量化寬鬆和疫情補貼所累積的儲備金已消耗怠盡，通脹及利率高企，將不斷推高企業及個人的債務成本，隨之而來的將會是拖欠及壞帳急升、消費力下降等情形。

圖表1.3 2022年美元指數與納斯達克指數走勢

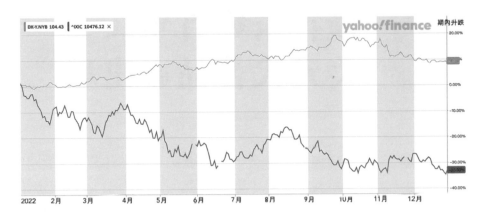

資料來源：Yahoo Finance

貨幣主宰了全球的財富分配，美國的霸主這棵大樹正在搖搖欲墜，這道高牆也出現裂痕。歷史上美元都曾經面對危機，最後能夠安然渡過。時移世易，今次不同的是，美國主導的逆全球化和聯合抵制中國經濟發展的戰略，卻先後被歐洲、日本和澳洲等盟友棄守，全球也正在建立非美元貿易體系（詳見第二章講解），這都是過往未曾出現，今次的轉捩點，到底是美元霸權先被推倒，令美國從此失去主宰分配全球財富的權力，抑或美國能再次從這場博弈中獲得進一步提升，我們或者可從上一次美元危機中得到啟示。

 **橫行未夠百年 美元代替品必出現**

二次大戰時期，美國與同盟國合力戰勝德國法西斯和日本軍國主義。從此，美國憑藉其從戰爭中急速發展的軍事力量、原子彈壟斷，以及當時幾乎壟斷全球的經濟實力，在戰後幫助西歐及日本恢復經濟。二戰後的美國，其GDP佔全球五成，是全球最大的出口國和債權國，也是全球最大黃金儲備國，當時美國持有的黃金相當於全球所有央行黃金儲備總和的四分之三。

兩次世界大戰期間多次出現了貨幣混亂和經濟衝突，為了避免相類似事件再度發生，國際間急切需要一個能穩定信心的貨幣體系。以美國當時的經濟實力，在當時美國財政部官員懷特（Harry Dexter White）極力堅持下，促成了1944年的《布雷頓森林協定》（Bretton Woods Agreement），確立以美元作為國際貨幣中心的貨幣制度，令已經第二次崩潰的國際貨幣體系重新恢復了穩定，「美元霸權」的地位因而確立。

二戰後的美國經濟及軍事實力亦急速膨脹。1945年，杜魯門（Harry Truman）甫上台就宣告「全世界應採用美國制度」（the whole world should adopt the American system）。當時的世界勢力完全偏向美國，西歐衰頹，而亞洲仍未開放，唯一對美國擴張的最大障礙就只有蘇聯。出於各自的意識形態差異、政治需要、國際地位和利益等因素，令美蘇之間互抗冷戰持續了40年之久，這正是荷里活電影慣以蘇聯或俄羅斯為大反派、一直對蘇俄進行妖魔化宣傳的主要原因。

當時蘇聯的某些行徑也在一定程度引證了美國的負面宣傳。例如，蘇聯除了要確保本國家安全及既得利益外，還執行「安全帶」政策，即其周邊國家和地區不可被反蘇勢力所控制，並要求駐兵土耳其等。2022年俄羅斯出兵烏克蘭也是基於「安全帶」政策的為由，要求烏克蘭不加入北約和放棄武力。

後來，蘇聯領袖斯大林公開演說戰爭是「現代壟斷資本主義發展的必然產物」，對實行資本主義的美國而言，很理所當然地認為斯大林的發言，形同宣示了美國和蘇聯之間的敵對關係，杜魯門政府亦正式開展了抗蘇政策。在二戰以後至60年代末期，美國外交政策先後出現了「杜魯門主義」、「艾森豪威爾主義」、「和平戰略」等不同名目的政策，但基本上都是遏蘇制共的戰略。另一邊廂，西歐在二戰後陷入財困，美國也就擔當了援歐抗共的重要角色。

50至70年代 美元外流持續貶值

在整個50至70年代，美國長期推行全球擴張及遏蘇制共戰略，加上長時間陷入越戰，嚴重消耗國庫資源，令經濟實力由盛轉衰。相反，西德和日本自50年起代經濟逐漸恢復，美國逐漸喪失它的全球製造業龍頭地位，加上美國要維持與西歐及日本的外交關係，便蓄意維持對歐洲和日本的貿易逆差，加劇了美國經濟的衰落。

西歐和日本經濟依賴美國貿易逆差的情況長速前進，赤字加快美元外流，令美元在國際間的流通量持續上升，促使了美元匯價持續貶值。當時，根據布雷頓森林體系，美國有責任把黃金定價在每安士35美元，但因為美元在國際市場的供應上升，令國際市場以美元定價的黃金價格突破每安士35美元，市場紛紛進行套利活動，在美國買入黃金並在國際市場出售，連帶其他國家的央行也加入拋售美元的行列，向聯準會購入黃金並減少美元儲備。這種局面促成了60至70年代期間多次出現的美元危機。

直至1971年8月15日，尼克遜總統（Richard Milhous Nixon）單方面宣布關閉黃金窗口，停止與外國央行兌換美元和黃金的協議，令美元持續貶值至1973年。這時史上唯一一次通過國際協商成立的國際貨幣制度已面目全非，各主要貨幣受到投機商衝擊而被迫實行浮動匯率制，令布雷頓森林體系正式崩潰。

與此同時，受到長時間越戰的影響，美國本土出現反戰潮和南北分裂危機。美國同一時間面對財政困難和國內政治局勢動蕩，令尼克

森總統在60年代末70年代初放棄了全球擴張策略,改以緩和壓制戰略對抗蘇聯,美國的全球角色從「主導」變成「輔助」,這種局面反映了美國示弱,並企圖通過緩和方式與蘇聯進行談判。但當時蘇聯因發展核武,勢力與美國平分秋色。形勢比人弱時進行談判當然難以成功。蘇聯也正好利用緩和換取時間空間,在此時離間美歐聯盟,又助長美國本土反戰運動以實現自己目的。後來,美國卡特政府採取先定內後擴外的戰略,優先解決美國南北問題,這令蘇聯有餘暇趁機擴張,直至1979年蘇聯入侵阿富汗,顯示美國對蘇聯的緩和政策徹底失敗。

80年代軍事擴張成最大債務國

20世紀70至80年代的石油危機和美元危機正是在這個背景下發生。第一次石油危機,是1973年的以阿戰爭,阿拉伯石油輸出國家組織為打擊以色列及美國,實施石油減產及禁運;第二次石油危機則發生在1978年底的伊朗政變,令伊朗當時580萬桶石油輸出中斷,然後就在1980年兩伊戰爭爆發。1981年開始的列根政府時期,美國認知到對蘇聯採取緩和政策無效,重新部署軍事競爭並在80年代進行軍備擴容。1981年至1989年間,美國軍備以平均每年7%的速度增長;同時,列根政府對蘇聯實施經濟及糧食制裁,利用蘇阿戰拖延,孤立和消耗蘇聯。這一連串抗蘇戰略令美蘇關係在列根政府的第一屆任期跌入谷底。後來,美蘇關係要到80年代中期,美國軍備再次完勝蘇聯、戈爾巴喬夫上場後才開始緩和。

由此可見，20世紀70至80年代期間的中東之亂、蘇阿戰爭等都是在美國實力轉弱的情況下出現。因為軍事擴張和外貿轉型等原因耗費大量國庫，令美國從最大債權國變成最大債務國，龐大的財政赤字及貿易赤字令美國的經濟備受壓力。自1973年各主要貨幣實行浮動匯率制後，國際貨幣市場持續混亂，在內外因素夾擊下，美元在1977年初至1978年10月期間進一步貶值13%，美元幾近崩潰的狀況在此時達到顛峰 。

圖表 1.4　美元指數 1971 至 1979 年走勢

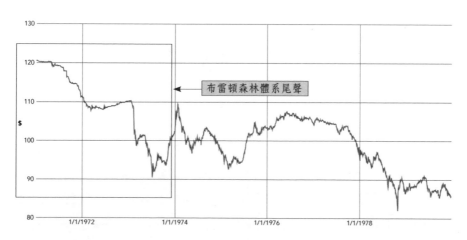

資料來源：彭博

昨日美元危機　今天重蹈覆轍

把70至80年代的這段歷史與今天的政經局勢綜合來看，有不少影子在重疊：

1. 軍備擴充放緩：70年代美國出現南北分裂和經濟實力倒退，後來放緩軍備擴充而被蘇聯追上。美國國防開支在喬治布殊（George W. Bush）任內達到高峰，但在2009年奧巴馬（Barack Obama）掌權後，軍備預算從每年7,820億美元減至約6,000億美元，要到特朗普入主白宮後才有所回升。

2. 長期外戰耗費國力：70年代美國陷入越戰窘局，而在近20年美國則陷入阿富汗戰爭，是美國在外國領土發動的歷時最長，又最具爭議性，被批評無建設性的戰爭。

3. 赤字惡化：70年代美國出現1930年代大蕭條以來的最嚴重的貿易赤字和財政赤字。相對地，在疫情的影響下，2020年美國貿易赤字刷新2008年金融海嘯以來最嚴重的情況；2020及2021年的預算赤字亦達到歷史新高，比2019年急增3倍。

4. 本土分裂：與70年代的情況相似，現時美國出現本土分裂，或者是本土意識形態分化的情況有增無減。在特朗普當選總統後，美國本土政治分化嚴重。此外，自2008年美國聯準會救助金融業後，貧富懸殊問題日益嚴重，令社會出現更深層次的分化。

5. 各國央行去美元化：70年代出現各國央行減持美元、增持黃金的趨勢。而在2008年金融海嘯後，聯準會實施量化寬鬆政策，在2019年疫情後更以倍增速度擴大量寬規模，美元購買力下降及高通脹問題由此潛伏。中國、俄羅斯、石油輸出國和新興國家紛紛增持黃金、減持美債。

6. 美國失去穩定價格能力：70年代美國不能履行維持國際金價的功能，而在2020年至2022年期間，國際市場肯定了美國無力維持石油價格穩定的事實。

7. 經濟實力被追上：60至70年代美國經濟增長放緩，同期的德國及日本經濟急速發展。相比下，近20年美國經濟增長緩慢，而中國經濟以平均8%速度增長。而且，在80年代，美國、日本、英國，法國及西德簽訂《廣場協議》（Plaza Accord），迫使日圓升值，令日本陷入泡沫經濟年代。而在2000至2010年期間，美國多次以購買力平價（PPP）迫使人民幣升值，但由於人民幣沒有對外開放，人民幣在升至6算後止步；而亦在差不多時間，美國提倡「本土生產」、揭起「中美貿易戰」，以及後來發展成形的金融戰等對中政策，目的都是為了回收因中美貿赤而外流美元回歸美國本土。

8. 戰雲密佈：70年代有蘇聯入侵阿富汗、有伊朗及伊拉克爆發戰爭，而2022年就有俄羅斯入侵烏克蘭、兩伊又再有磨擦、土耳其與希臘也正在蠢蠢欲動、北韓向日本海域發射導彈等等。

以上八點反映，當美國的整體國力下降時，國際勢力便會蠢蠢欲動。70年代美國對抗蘇聯的戰略，與今日對付中俄的政策如出一轍，一方面以經濟金融圍堵、一方面援助歐洲拉長俄烏戰期等方式。而在應對通脹方面，有趣的是，在2022年拜登政府也依樣畫葫蘆複製了80年代卡特政府的抗通脹計劃Anti-Inflation Program，推出了《降通脹法案》（Inflation Reduction Act）。

新興國家冒起　美元更難轉危為機

美國最後渡過了1970年代的美元危機，主要是擁有全球最人石油蘊藏的沙特阿拉伯承諾一律以美元買賣石油，石油取代了黃金成為美元幣值的衡量標準，重新確立了美元的霸權地位。但到了2020年代，卻出現了更多令美國難以扳回的變數，囚為除了中國，其他亞洲新興國家的中產階級急速冒起，美國作為全球「唯一買家」的地位不再，新興國家的消費力量已足以形成維持經濟發展的貿易圈並與歐美抗衡；消費國家的濫發貨幣情況嚴重，令法定貨幣的預期購買力大幅下降，令資源國和產能國的「交易成本」急增，不得不尋求較低成本、較能反映自定出口貨物價值和本幣價值的貿易方式；美國的債務增長速度已較經濟增長更快，令債務負擔接近臨界點，外國央行對美國長遠的償還能力失去信心；美國利用貨幣武器化，破壞了美元中立性地位；以通脹換來的經濟增長引致貧富差距惡化，造成社會嚴重分化，若政府加大扶貧會造成財赤進一步惡

化，但若向富人企業增加稅收卻會增加經濟陷入緊縮的風險，政策方向出現兩難；多個在70年代曾經援助美元的政治力量在今次倒戈相向，令即將再次發生的美元霸權危機更大機會回天乏術。

荷蘭盾及英鎊曾經稱霸世界

美國自1776年獨立宣言以來立國僅246年，而美元成為世界儲備貨幣，開始以美元為中心的國際貨幣幣體系的形成，也是在20世紀期、1944年才開始。在此之前，18世紀荷蘭盾是第一個除黃金和白銀以外的世界儲備貨幣，19世紀則是英鎊的天下。荷蘭、英國和美國能成為世界頂尖大國有很多共通點，例如它們都遵從資本主義、積極在全球範圍擴張軍事力量和促進貿易、佔據當時全球大部分的經濟和貿易份額、成為世界金融中心、有世界最頂尖的技術和研發等。

至於荷蘭盾和英鎊的沒落也有非常近似的徵兆，荷蘭和英國都在相對國力下降時通過借貸來維持實力和擴張。這種情況似乎也正在美國發生，為了維持美國的競爭力和確保經濟不陷入通縮，美國政府的國債和財赤水平正在不斷攀升，並以大量發行貨幣掩蓋自己正出現資不抵債的情況。

圖表1.5 1400年至今各國儲備貨幣稱霸歷史

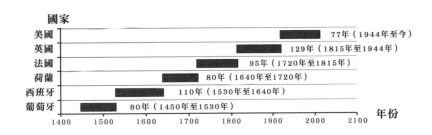

貨幣沒有最好只有更好

撇除帝國興衰和信貸的問題,歷史上貨幣的出現和選擇一直是個沒有盡頭的演化過程,貨幣作為交易的工具,人類一直在尋找更好的媒介。只有更好,沒有最好。

貨幣的最基本功能是促進交易,這不僅出現在人類社會,在自然界也有。在南極生活的企鵝也有某程度的貨幣概念。阿德利企鵝遵循一夫一妻制,牠們在尋找到終身伴侶後,會在岩石上築巢,但南極夏天結束後,海水經常淹沒石巢,為此,阿德利企鵝需要蒐集石頭來鞏固自己的家園。為了築巢孕育下一代,所有阿德利企鵝腦中只想著「石頭」。阿德利企鵝的生存環境出現了兩種稀缺情況:第一樣是「適合築巢的石頭」,所以企鵝們會為了獲得石頭而不擇手段,雄性的企鵝會去偷別人的石頭,雌性的企鵝則會為了獲得石頭而與其他雄性交配;第二樣稀缺的是「可以生育的雌性」,所以沒

成功獲得另一半的企鵝，會用石頭來換取與雌性交配的機會。石頭是阿德利企鵝的重要財產，它是企鵝們希望擁有得更多的商品，也成為了企鵝們的交易媒介，是企鵝們的「貨幣」。對單身的雄性企鵝而言，牠們擁有的石頭是屬於它們的財產，對雌性企鵝而言石頭是用來築巢的商品；同一個道理的反面，交配機會對單身的雄性企鵝而言是商品，對雌性企鵝而言是財產。

貨幣就是這樣，既是交易的媒介，也是商品本身，亦是蘊藏價值的財產。而當一項物件擁有作為交易的條件，它自然有後面兩種功能。貨幣的出現，除了本身具有價值外，它也是能夠廣泛被接受的商品，以之作為交易的媒介，促進互通有無。所以，一項商品能被當成貨幣，必須有一個特性，就是其價值被廣泛認同，須要「有market」，貨幣之所以能成為貨幣的第一個要素是有廣泛的市場「需求」或高度的「市場性」。

貨幣交替是「互通有無」的進程

近年興起的虛擬貨幣便是一種新貨幣成形的例子。雖然每一種虛擬幣都宣傳自己的技術和功能，但說穿了卻沒有任何內在價值。在現實生活中，你可以拿這個虛擬幣換甚麼呢？但當它被廣泛地視為一種商品後，它便有了某種價值。其中，比特幣（Bitcoin）被認為是虛擬貨幣中特別的存在，因為它獲得了較廣泛認同的「持有價值」。著名沽空機構香櫞研究（Citron Research）創辦人曾

這樣說:「比特幣與其他虛擬貨幣不同,因為比特幣具有認知價值(perceived value),只要人們仍然想買它就可以一直存在⋯⋯因為它已是集體意志的一部分。」由此可見,即使市場未能確定比特幣的價值,它匯兌成其他商品的轉換率(匯率/Bitcoin的定價)仍是一個未知領域。美國證券交易委員會(SEC)主席Gary Gensler更指比特幣是「唯一稱得上有價值的資產」。

除了市場性,社會對貨幣的選擇也會基於它的效率。任何貨幣都會有它所消耗的交易成本,交易成本愈低,效率愈高。貨幣的出現,其本身的目的也是為了降低交易成本。在以物易物的的世界,難以找到相匹配的買家或賣家,交易雙方需要花很高成本尋找對方,商品也較容易出現耗損,所以交易成本非常高,甚至難以實現交易的根本目的——「互通有無」。

定價之錨角色勢轉變

不過,利用貨幣作為交易媒介也會衍生成本。能夠利用媒介(貨幣)促成交易,是因為雙方有一種共同接受(共識)、有市場性(廣泛認受性)的物品作為交易媒介。但這個交易媒介並非交易者的理想物,這便會衍生出新的交易成本,例如匯兌成本。隨著時代變遷,貨幣的材質及形式不斷地得到優化,變得更耐用、更輕便、更易於攜帶和確認價值,交易成本得以持續降低。而愈有效率的貨幣,它所衍生的交易成本會愈低。只要有更有效、更有認受性的交

易媒介出現，舊的媒介便會被取代。因此，貨幣的交替進程，一直是一個持續降低交易成本以達到互通有無的漸進過程。所以，某一種貨幣的出現，只是順應了當時的市場需求，在當時當地被廣泛地認為是較低交易成本的媒介的存在。

按這個貨幣的基本原理，當某一國的貨幣成為世界貿易的主要媒介，也是因為它的認受性較高，而且它所衍生的交易成本被廣泛地認為是較低的。曾經，市場揀選了黃金、白銀作為貿易的主要媒介，以之釐定其他商品的價格；後來，市場選擇了荷蘭盾及英鎊；而在20世紀，世界選擇了美元擔當定價之錨的角色，未來也一定會有其他貨幣頂替美元成為商品的定價之錨。而這種情況將因為兩種原因而出現：美元的相對認受性下降、美元的邊際交易成本顯著上升。而結果將會是，市場將會出現美元的替代品（substitute）或補充品（complement）。

 # 鈔票供應爆升
美元購買力反跌

貨幣供應增加會稀釋它對比其他商品的交換率，令金錢的購買力下跌，這就是通貨膨脹。

以美元為例，自從1913聯邦儲備法案授權聯儲局可以控制貨幣供應以來，100年前1美元的購買力，相等於今天大約28美元，購買力下降了93%。美元的購買力會在某一天降至零嗎？我不知道，但股神巴菲特（Warren Buffett）的拍檔芒格（Charlie Munger）於2022年初曾說過，在通脹長期沒有改善情況下，將資金存放在貨幣市場的投資者應該假設，未來100年內，「相信美元會降至零」（over the next hundred years, the currency is going to zero）。根據聯儲局的數據，截至2021年12月底，美國的貨幣發行量（monetary base）高達64,131億美元，相比起1959年1月底只有505億美元，相差128倍。

從正面想，增加貨幣發行量的原因，是因為隨著人口及生產力的上升，經濟的總量有所增加，便要增加相應的貨幣來反映經濟總量。而且，增加貨幣發行量可以促使大眾投資，令大眾不會認為囤積貨

幣，可以等在未來獲得更大的購買力。不過，當貨幣發行量的增速高於經濟總量的增速時，這種超量發行貨幣會引致通貨膨脹、物價上升。

生產效率成美元信心的關鍵

比較一下貨幣發行量的增速和購買力下降的速度，1959年的貨幣發行量是今天的128倍，但美元的購買力下降了93%，而不是按比例的99.2%。為甚麼購買力下降的速度要稍為慢於貨幣發行量的增速呢？這是因為分工及科技文明的進步大幅提升了生產效率，增加了社會的總產出。隨著科技繼續進步，我們能夠預期生產效率會繼續提升，潛在總產出也會繼續增加。這正是美國每次都能夠以金融政策，通過增加貨幣發行來解決經濟危機的原因之一。在經濟危機發生時增加貨幣供應、降低資金成本，便能夠刺激投資及經濟活動。投資將帶動科技進步和生產效率提升，社會經濟總量得以增長。所以，科技持續提升和促使科技持續進步的背後因素，一直是維持美元信心的磐石。在現行的經濟發展模式中，生產效率至為關鍵。

因此，雖然美元的購買力下降，但美國民眾的購買力卻沒有隨之下降。研究機構 Visual Capitalist 發布了一個研究，標示出在不同年代美元的購買力變化：1913年一美元能夠買30排 Hershey 朱古力，當年大概的人均收入是700美元/年；今天，一排 Hershey 大

約是2.4美元，而人均收入大約53,490美元/年。1910年代，一年收入可以買到21,000排Hershey，而今天的一年收入能夠買到22,288排Hershey。

再比較一下兩個時代的貧窮人口變化：1910年代的美國有三成人口被歸類為貧窮人口，而今天的貧窮人口比例只有14.4%，美國的貧窮人口比例在這110年間下降逾半。換句話說，今天能夠買得起Hershey朱古力的人口比例較1910年高出一倍有多，今天人均收入買到Hershey朱古力的數量也超過1910年。

這個例子顯示，隨著生產力提高，人民的生活質素也相應提高了。反之，試想一下，如果朱古力的價格維持在100年前的水平，又或者朱古力的價格的增幅遠低於大眾收入及經濟總量價值的增幅，今天還會有人生產朱古力嗎？

貨幣發行權與財富盜竊

英國經濟學家凱恩斯（John Maynard Keynes）說過，幾千年來的貨幣制度都是「國家貨幣制度」，由國家選擇貨幣、制定責任，並以該貨幣的單位計價和發行貨幣。因為貨幣的發行權，相當於社會財富的分配權，政府能夠通過增發貨幣令貨幣的購買力下降，利用通貨膨脹，無聲無息地沒收人民財富，凱恩斯形容這種財富轉移的方式是政府施展的「財富盜竊」。

香港也經歷過由當權者藉著通脹，把人民的財富轉移的歷史。40
年代日佔時期，日軍宣布私藏港元違法、以日圓軍票取代在香港鄰
近中立地區仍被承認的港元，強制收回港元鈔票以之在境外購買物
資，直至1945年日本投降前，被大規模發行的軍票，令香港經歷
災難性通貨膨脹便是最明確的例子。1941年9月與1943年5月的
物價作比較，砂糖格價升19倍、食油升15倍、白米升10倍、紙
類升15倍。爭取日本向香港日佔時期受害者賠償的香港索償協會
主席劉文更曾透露，1945年時出現單日米價大幅浮動的情況，早
上時為100圓軍票一斤，下午會升至200圓，晚上漲至500圓軍票
一斤。

政府的角色與個人或私人機構有很大差異。個人及私人機構的收入
或盈利均來自生產，而政府的收入則主要來自徵收，例如稅務及其
他費用，但徵費或課稅往往是不受歡迎的，那政府要怎麼做到不增
加徵費而增加收入？當政府壟斷了貨幣的發行權後，便能夠通過發
行貨幣收取通貨膨脹稅，這是一種隱蔽性的稅收。當政府的財政開
支持續增加，但財政收入不能相應增加的情況時，國家預算便會出
現財政赤字。但政府也不能過度提高賦稅，以免窒礙市場的投資意
欲，最終令政府收入不增反減。這時政府可以向銀行透支，並通過
增發貨幣來彌補財赤。由於整體已發行的貨幣量增加，在民眾手中
的錢的購買力會相應下降，相等於民眾對整體經濟的佔比被攤薄，
民眾對社會資源（財富）的持份通過增發貨幣被轉移到政府手中。

這有點像在股票市場中，大股東以低成本甚至零成本的方式向自己

配售新股，令小股東的應佔權益被攤薄。在股票市場，股價會因為股票發行量增加而下跌，小股東很容易察覺到自己被剝削。但在整體經濟中，政府通過貨幣發行的方式把社會財富轉移給自己，這只會在若干時間後反映在商品的價格上，而且，由於商品的價格也受各自的供需因素影響，大眾很難察覺自己的財富被攤薄或稀釋。

通脹環境惡化貧富差距

通脹稅的出現，也會加劇社會貧富不均的問題。因為稀釋作用會經過一段時間才顯現，社會中每個人所累積的財富量及資產類別不同，稀釋作用也會有很大差異。尤其是因為被稀釋購買力的是貨幣本身，如若一個人的財富大部分都是實體資產，例如房屋、商品、股票等，那他的實際財富不單沒有被攤薄反而會增加了。

稀釋效應對不同社會參與者所需要的時間差異也會造成更嚴重的貧富差距，例如，企業家能夠因應成本提高銷售價格，把成本轉嫁予消費者；但勞工階層的加薪時間往往較後，加薪幅度也很大機會追不上商品的加價幅度。那麼，在通脹環境中，勞工階的生活成本壓力會增加得更多。

相反，若一個人的財富大部分是貨幣，由於貨幣供應量增加，被貶值的是貨幣本身，那他會是較大的受害者。貨幣購買力的稀釋效應，會令到貨幣未來的價值較今天低，很顯然地較早獲得資金的

人，會比較遲取得資金的人有更高的經濟價值。所以，資金受長期合約套牢的人，例如年金、人壽保險、定期存款、長期債券的持有者，也會是在通脹環境中財富被稀釋得較多的一群。

根據聯儲局的報告顯示，疫情以來，美國的家庭淨資產值大幅增加了31萬億美元，其中一個原因是，在疫情期間，美國政府向市民直接派錢支持經濟。但多數人只能把紓困金用在償還債務和交租上，最底部50%的人，因為沒有參與股市，無法從上升的股市中令資產值增加，這群人口的財富水平從2006年以來只有輕微變化。但最富有的1%人口，他們的資產淨值卻上漲了132%，從17.9萬億美元飆升到41.5萬億美元。由此可見，聯儲局的量化寬鬆政策雖然挽救經濟免於通縮，但卻拉闊了貧富差距。

同樣地，通脹環境會造就舉債及超前消費的行為（當然也包括刺激投資），因為還款時的幣值會比借款時低，而債權人不單要承受貨幣貶值，也需要承擔信貸風險。所以，超發貨幣對債權人來說無疑是一種懲罰。誰是真正的債權人呢？銀行？資本家？不是。真正的債權人是把資金存放在銀行的存款客戶。而政府及資本家往往是極力利用融資、貸款的一群；不同的是，資本家需要承擔投資風險及還款，而政府只需要增發貨幣便能夠無止盡的花費。而事實上，自美元本位制確立以後，美元作為貨幣本身成為無錨之錨，令美國的過度消費行為嚴重加劇。

 **美元本位
無錨之船加劇通脹**

常說貨幣有商品貨幣（Commodity Money）與法定貨幣（Fiat Currency），兩者有甚麼分別呢？商品貨幣指的是若把貨幣的「交易功能」拿掉後，仍然有作為商品的價值、有實物支持的貨幣，例如黃金、白銀，也包括金本位下的貨幣，例如布雷頓森林體制下的美元（以美元與黃金掛鉤）。而法定貨幣即是背後沒有實物支持，全憑政府法令成為合法流通的貨幣。1971年美國放棄金本位，導致布雷頓森林系統瓦解後的美元屬於法定貨幣。

當通用的貨幣是商品貨幣時，通脹對大眾的損害是有限的，因為它本身也有其作為商品的功能及需求，例如黃金及白銀。金本位制度、銀本位制度或複本位制度，當黃金或白銀作為貨幣時，貨幣的本身便是錨。但亦由於商品貨幣以自身作為錨，貨幣的供應量由金或銀的供應量來決定，在對應經濟急速增長或收縮時便缺乏彈性。

法定貨幣制度並沒有實物在背後支持，沒有以實物商品作為定價的錨，這種無錨之錨的制度為經濟調控提供更大彈性。不過，作為協助市場運作的貨幣需要一個錨，即是與某物直接或間接的掛鉤，否

則會增加交易成本。以現在的美元為例，雖然沒有實物的錨，但其實也是有錨的，美元的錨是物價指數和經濟指數；而在背後支撐法定貨幣的不是政府，而是大眾對該政府及經濟的信任。所以法定貨幣，也就是信用貨幣；它的價值也會受政府的財政狀況及政策等影響。

法定貨幣讓政府壟斷財富分配

著名的「泰勒法則」（Taylor Rule）是常用的貨幣政策規則之一，它描述了短期利率如何針對通貨膨脹率和產出變化調整的準則。驟眼看，法定貨幣制度以物價及經濟產出為錨，更貼合貨幣的價值反映經濟產出總量這個理念，但法定貨幣制度也讓政府取得控制貨幣供應及定價的壟斷式的權力，既是為調控經濟提供彈性，也為政府壟斷財富分配提供更大的便利。

事實上，貨幣政策很容易被政治化，作為壓迫其他政治勢力的手段、通過貨幣供應遮掩財政赤字、利用通貨膨脹實現「通脹稅」等。而且，先不論政府是否存心要把民眾財富轉移至自己手中，站在政府的立場也傾向更願意增加財政開支和刺激經濟擴張，營造虛假的繁榮表面，對任何在位者都是有

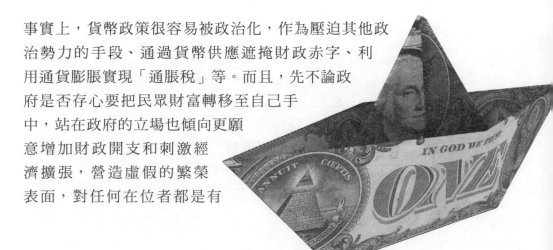

明顯好處的,所以法定貨幣制度更鼓勵超發貨幣,催生通貨膨脹及貨幣稀釋效應的出現。

中西方金融史,隨處可見政府利用貨幣發行免除金融機構責任的事件,只有短短200多年歷史的美國也不例外,尤其是前總統威爾遜(Woodrow Wilson)於1913年簽署通過聯邦儲備法案,成立並授權聯邦儲備委員會獨享鑄幣及調節貨幣價值的權力後。

聯儲局──銀行中的銀行

聯邦儲備局於1913年成立,在這之前,美國於1791年及1816年已先後成立具備中央銀行功能的美國第一銀行(First Bank of the United States)和美國第二銀行(Second Bank of the United States),但在1841年至1913年成立聯邦儲備法案前,美國國內只有一大堆私人銀行,而這些銀行可自行發行「銀行券」給當地人民作交易之用。同樣地,這些銀行的「銀行券」被市場信賴,是因為銀行聲稱這些銀行券都有貴金屬在背後支撐,持有銀行券的人可以從銀行兌換等值的黃金或白銀。

不過,在缺乏監管的情況下,萬惡的金融業很自然地出現道德問題,濫發、偽鈔,加上經濟不景氣,在19世紀末造成多次銀行的信心危機,並最終爆發了規模較大的1907銀行危機(1907 Bankers' Panic),幸而最後獲銀行家所拯救──銀行家摩

根（John Pierpont Morgan）當時召集了眾多銀行家及富商為市場注資支撐銀行。美國國會為此通過成立國家貨幣委員會，研究這場銀行危機的解決方案，經過幾年的政商之爭，最後在1913年、由上任9個月的威爾遜總統簽署通過聯邦儲備法案，成立並授權聯邦儲備委員會獨享鑄幣及調節貨幣價值的權力。

從以上這段關於聯儲局成立的歷史，就不難理解為甚麼在這110年間，聯儲局的主要服務對象是美國政府和私人銀行，因為聯儲局正是他們合力促成的機構。從此，聯儲局成為銀行中的銀行，要求私人銀行對存款維持最低準備金率並要存放在聯邦準備銀行，私人銀行客戶想將存款證換成鈔票，銀行需向央行提取。聯儲局有美國政府作為後盾絕不可能倒下，大眾對央行及其發行的新鈔有無限信心，黃金在交易中的角色被聯儲局逐步淡化，而私人銀行則有聯儲局作為後盾，是私人銀行的「最後貸款者」，這大大增強了大眾對整個銀行體系的信心。

不過，聯儲局的成立和其所構建的大眾信心，為政府壟斷貨幣發行及通貨膨脹打開了方便之門。政府想增發貨幣再不用受制於黃金存量，而只靠大眾對政府及央行的信心便可以隨意做到。

聯儲局成加速通貨膨脹起點

從歷史節點來看，聯儲局的成立的確是通貨膨脹全面加速的起點。建立了大眾對聯儲局及銀行體系的無限信心後，最低存款準備金率的設定，讓私人銀行可以把信用擴張10倍，而每次聯儲局在市場上或從銀行購買資產時，銀行便會有存款到帳並以之作為最低存款準備金，便能夠讓銀行的信用以倍數擴張。這就解釋了為甚麼自2008年聯儲局實行量化寬鬆以來，銀行體系的存款持續增加。相反，當聯儲局把資產售予公眾或銀行時，便會令銀行的準備金降低，造成信用緊縮。

聯儲局成立後，美國政府才開始課稅收取美元鈔票，並將央行的政策與國家其他政策協調一致，基本上，聯儲局的角色是美國政府的影子助手，協助推動美國國策。例如在聯儲局成立一年後，第一次世界大戰爆發，聯儲局為了資助戰爭，根據聯邦儲備法案，將原本需要100%由黃金支撐的美元，改為僅需要由40%支撐，就是說美元對黃金的購買力在聯儲局成立的一年間便下降了60%。

最初，政府傳遞給大眾的概念是，當戰爭或某突發事件完結後，政府會重新履行義務，但當然這項修改在大戰結束後沒有逆轉回來。而到了20世紀70年代，美國面臨黃金儲備流失造成的黃金需求告急的情況時，更是直接讓「金本位制」消失，把美元變成本位貨幣。而美元本位制的出現，像開啟了無錨之船，令通貨膨脹能夠無限擴張。

圖表 1.6　美國通脹與世界大事的關係

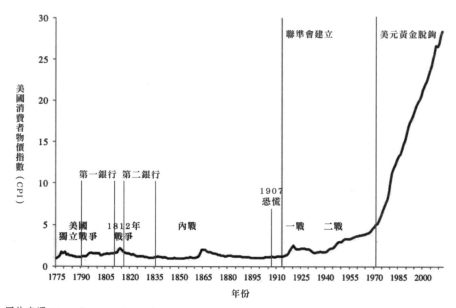

圖片來源：https://www.insider.com/

當政府或央行壟斷了調節貨幣供應量的權力，成為了金錢世界的獨裁者，發行貨幣再不用受到挑戰時，履行義務也再非必然。自19世紀初，政府免除銀行償付責任已成為一種傳統，幾乎每一次經濟危機，政府都會允許銀行以「暫緩償付」的方式拒絕償付債務，並通過輿論打壓辱罵「擠兌」的大眾。例如，美國政府在1929年經濟大蕭條時期把囤積黃金的市民「吹捧」為自私及不愛國者、在1933年下令銀行放假，並以法令禁止市民鼓吹擠兌。當政府能夠允許銀行不履行償債的義務時，它又會如何看待自己的債務？

理應是要堅定擁護自由法治和契約精神的央行，卻一直是最沒有道德底線的違約實行者。在100年後的今天，情況依舊沒變。因為聯邦儲備局前主席格林斯潘（Alan Greenspan）的政策失誤、美國政府的監管缺失等原因，引致了2008年金融海嘯，一層又一層的高槓桿投資行為被瞬間推倒引發了骨牌效應，不單止個人，金融機構突然發現自己的債務規模要倍數高於資本，一時間市場無人能準確掌握這場由美國房地產市場的泡沫爆破引起的潛在減值規模有多大，令信用鏈瞬間斷裂。

聯儲局在短時間內減息5厘也不足以對經濟及信貸市場帶來正面效果，被迫踏上量化寬鬆之路，通過大量印鈔購買金融機構及銀行手中的不良資產，把「新」的活力注入銀行體系，再一次免去了銀行因為過度擴充信貸而招致的債務。聯儲局再一次打救了大批金融機構，但即使調查結果顯示了華爾街充斥了刻意扭曲或隱瞞的風險，最終又有幾多牽涉的人受到懲罰呢？

赤字推動消費 犧牲經濟

美國福特汽車創辦人福特（Henry Ford）曾說：「還好人民不清楚我們銀行的貨幣制度，一旦人民知道真相，我想明天太陽升起以前就會發生革命。」

在2008年金融海嘯發生前，聯儲局的「量化寬鬆」行為一直都存在，但包庇的對象不只是金融機構，還有美國政府。聯儲局成立以來的110年間，不斷在幫政府、銀行、甚至低信用度的大型企業買債券買資產，而購買債券和資產的錢都是聯儲局利用市場對它的信心憑空印出來的。

當私人銀行因為過度擴張信貸而招致金融危機，當美國政府財政緊絀，聯儲局憑著它的「最後貸款人」的地位，會一直無限量擴張。只要美國的財政赤字及債務一直膨脹、金融業繼續上演貪婪擴張與爆破的劇碼，聯儲局印鈔的速度只會一直上升。聯儲局就像是專門吸收政府和銀行債務及不良資產的黑洞。

但是，既然霍金能夠憑黑洞產生的輻射證實黑洞也有壽命，難道聯

儲局和美國政府真的擁有不死之身？這當然不可能。芒格於2019年接受美國CNBC訪問，被問到會否擔心美國國債不斷增加時，他稱任何偉大的國家，在適當的時候都會被毀掉，形容這只是小事。（I don't worry much, because every era, it is a cinch that a great nation will, in due time, be ruined.）

正當美國的長期雙赤字本身已為人詬病、當聯儲局打算推動貨幣政策回歸正常化的時候，卻遇上了全球大流行這隻黑天鵝，迫使美國政府要進一步大幅增加財政赤字救助經濟，令美國債務佔GDP比率突破120%，而聯儲局也要急急扭呔加倍印鈔為美國政府提供足夠開銷的資金。這情況就好比一個已經泥足深陷的人，突然再在他膊上增加負重一樣。除了經濟學家們，美國政府內部也在擔心到底美國的債務水平和聯儲局吸收債務會否已經突破極限呢？就在此時，「現代貨幣理論」突然冒起，並信心滿滿的為赤字問題提供了理想的解決方法。

現代貨幣理論：赤字推動消費及投資

這個「現代貨幣理論」解決赤字的方法是如何呢？別把它當成問題就好了。總括而言，它對政府赤字有以下的看法：

1. 政府有別於個人，不需要保持收支平衡，只要能夠維持經濟增長及物價穩定，出現赤字是沒有問題的。這是因為政府所代表的是

整個社會，利用資產負債表的邏輯來理解，資產等於債務＋股東權益，政府增加債務的同時，社會資產也會因而提升。所以政府根本不存在赤字問題。

2. 同樣邏輯下，政府的赤字會轉化成社會的財富，即個人及私人市場的儲蓄會增加，從而推動消費及投資。其中最有力的例證是，二次世界大戰後美國國債佔GDP比率達到120%，但同期中產階級爆發、家庭收入水平大增。

3. 限制政府財政預算的並不是它的支付能力或赤字水平，而是取決於它的實質生產資源（real productive resources），只有當財政開支遠超實質生產資源時，實體經濟便會帶來通貨膨脹的壓力和限制。

與任何經濟學理論一樣，它總有對和錯的時候。通過增加政府赤字來提升經濟，在絕大部分的場景似乎都很有效，但效益遞降理論可以肯定的預告，任何刺激經濟的手段（不論是財政政策或金融貨幣政策）都會因為「效益遞減原理」（The Law of Diminishing Marginal Utility），從很有效變成低效再變成無效甚至反效果的出現。

大量印鈔只留在銀行未投入社會

即使已種下惡果，但量化寬鬆的成效，從美國的貨幣乘數效應可以得出同一答案。簡單地理解，貨幣乘數是央行發鈔後，透過金融市場的貨幣創造，可以讓市場上的貨幣供給倍數成長的數值，通貨存款比率愈高，貨幣乘數愈小，反映資金的使用度低，反之亦然。自2008年金融海嘯後貨幣乘數急遽下降後一直維持在低位，反映聯儲局的量化寬鬆政策並未成功刺激社會貸款及存款增長。部分原因是經歷雷曼事件及房地產泡沫爆破後，美國家庭及企業進行去槓桿化，對貸款需求並不殷切；而且，超低利率水平限制了商業銀行的放貸動機，低預期回報也降低了風險胃納。結果是，央行創造的貨幣只留在銀行的儲款準備金庫，並沒有被投入到社會運作。

這些數據都顯示，美國債務水平和貨幣發行的增長，正以愈來愈快的速度超越經濟的增長。而且，即使美國政府推行龐大的財政赤字，令個人存款或淨值有所增加，但基於其他原因，財政開支及貨幣寬鬆政策都並未有刺激實體經濟的投資增長及科技研發投放增長。

2008年至2021年期間，美國的財政赤字、國債規模、貨幣基數和聯儲局資產規模均錄得明顯的升幅，4項數據的年複合增長率介乎8.6%至27%。同期，美國的國內生產總值GDP和私人投資總額GPDI的年複合增長率僅4%和4.4%，而花費在研發的開支的年複合增長率僅更只有約1%。這反映雖然美國政府通過大幅提高財政赤字和量化寬鬆成功令美國避免了兩次通縮（金融海嘯及疫情），

但更嚴重的財政赤字只換來輕微的消費提振作用、新發行的貨幣並未能有效導引到對經濟有正面增益的地方，GDP的正增長只是價格和財富虛漲的結果，對長期經濟擴張的助益非常有限。

人口增長慢拖累生產效率

拋開複雜的經濟學理論，回歸最簡單的經濟構成。經濟由4個元素組成：人口、資源、生產效率和生活質素。假設資源是定量不變，那麼經濟的增長速度，就取決於人口增幅、生產效率的提升和人民對改善生活質素的意向。

人口方面，美國的人口增長已從20世紀80年代約1%至1.5%，在踏入千禧年後已跌穿1%，而2020年的人口增長更進一步降至0.4%。可以肯定的是，美國人口增長對經濟增速的幫助將非常有限，亦不太可能重現如二戰後的中產人口急增的情況。

圖表 1.7　美國 1990 年至 2021 年人口增長

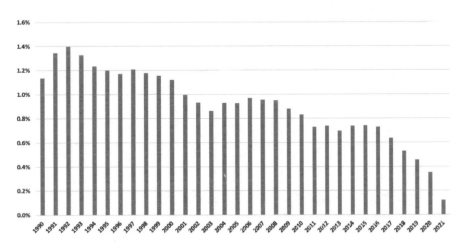

資料來源：美國普查局 (United States Census Bureau)

生產效率方面，美國企業自80至90年代投放機械自動化生產，加上美國的生酬水平較高，本土製造難以提升利潤率，而且，美國著重服務金融業等原因，令製造業人材外流；踏入千禧年後，又迎來人口老化問題，令美國的生產效率持續下降。

當人口增長無法改善經濟增長速度，而提升財赤、實施量化寬鬆和低息環境亦無法刺激經濟實質增長時，通脹也將因為超發貨幣而出現，美國政府將要被迫進行短暫的減赤，聯儲局也會跟隨結束寬鬆貨幣環境，屆時，美國經濟便很容易會墮入通縮或滯脹的下場。

不論哪一種下場都將會非常嚴峻。若美國步入通縮，這將會增加美國債務的實質價值、通縮會導致GDP出現負增長，令債務佔GDP

比率進一步升高、經濟倒退的情況下，財政收入將會減少，令財政赤字更高。這3個因素將會增加美國出現債務違約的可能性，造成的傷害比通脹更大。所以，儘管聯儲局採取任何強硬的辭令，美國在施行緊縮政策上將會非常尅制。尤其是，當看到美國國會預算辦公室（CBO）對未來20年美國國債規模的預算和對拜登實施《2022年降低通脹法》的成效預測後，更能夠確定這一點。因此，美國將更可能步入長期高通脹的局面，造成美元信心危機。

量寬促成企業回購　身家水漲船高

在前文中提到，通脹稅是政府施展的「財富盜竊」方式，實現財富轉移，無聲無色地把市民財富轉入政府庫房，這種方法一直運作良好，但在2008年金融海嘯後卻出現變化。在雷曼事件後，聯儲局採取量化寬鬆政策大量吸收了華爾街的債務及不良資產；令聯儲局的資產負債表急增，規模之大曾引起市場對美國政府的信用擔憂。

在幾次加碼的量化寬鬆政策後，美國上市企業卻進行了史上最大規模的股份回購。對資本家而言，股份回購有3個好處：1）令企業的每股盈利上升、2）股份回購能刺激股價上升，從而提升股東財富；3）股份回購令資本家取得更多經濟份額和財富，而這個行為卻是完全免稅。即是說，在量化寬鬆環境下，資本家可以通過上市公司從市場或金融機構取得超低成本的資金回購公司股份，令自己的財富水漲船高，卻完全不需要支付一分錢稅款。

圖表 1.8　標普 500 指數企業 1999 年至 2022 年第二季回購金額

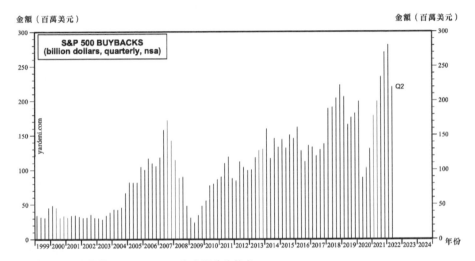

資料來源：研究機構 Yardeni Research 取自標普的數字

聯儲局幾次擴大量化寬鬆規模，並未能有效引導資金投入市場，無助經濟增長，大量新發行鈔票只留在銀行用作準備金；而且，超低息環境也令銀行傾向提高信貸評分要求，只向沒有資金需求的富人及大企業放貸。同樣地，大企業以低融資成本通過發行債券或銀行貸款取得資金，也較多被用作儲備金、套利和股份回購等缺乏經濟效益的財務活動。當資金未有充分用於經濟活動當中，政府便沒辦法通過稅收來增加財政收入。而資本家利用低息寬鬆環境，把公共債務轉化為私人財富的方式，更進一步加劇了貧富懸殊的問題。這種情況下，政府甚至無法通過稅收來重新調配社會資源。

壟斷貨幣發行權自招惡果

原本由國家或政府壟斷的貨幣發行權，正是讓政府能獨享通脹稅所帶來的收入，從而掌握社會財富的分配權。但量化寬鬆所造就的環境卻令資本家成為最大的受益者。對政府而言，這種情況就衍生了3個非常嚴重的問題：

第一、政府不能通過通脹稅或通過刺激經濟而令政府產生稅收的方式增加財政收入，意味政府的財赤問題將會變得更加嚴重，令以後的財政及金融政策的效能降低，並增加國家違約風險。

第二、更嚴重的貧富懸殊將衍生更大的社會矛盾，並導致國內政治局勢不穩、罪案率上升等問題，令社會成本增加。要化解這種深層次矛盾，政府便要一方面利用民粹的壓力，增加資本家對社會的責任，另一方面則需作出更大的財政負擔，通過提高社會福利來化解民粹，2020年疫情後美國政府多次實施直昇機式派錢已是一例。自2016年特朗普當選總統後，美國的民粹主義被激活並令社會出現撕裂。而且，資本壟斷所造成的社會不公現象，也導致了千禧世代（又稱Y世代）和網路世代（又稱Z世代）對社會主義的好感要大於資本主義，令美國本土的意識形態分化更顯嚴重。

第三、資本家利用政府的刺激經濟措施，把公共債務轉為個人財
　　　富，在政府眼中是擺明被剃眼眉了；所以，政府一定會想
　　　方設法把這些財富再次回收。

以上觀點我在2022年年中時曾在專欄討論過，而在本書執筆期
間，拜登政府便在8月便相繼推出了股份回購稅和寬免低收入的學
生貸款等法案，至於富人稅也如箭在弦，這一系列措施正是美國政
府為了回收資本家所獲得的量寬紅利和緩解社會矛盾的做法，就讓
時間見證效果。

第 2 部

貨幣博弈
力抗強勢美元

操控貨幣供應
轉嫁經濟危機

1970年代的美元危機最後得以緩解,是多得沙特阿拉伯出手相助,令石油取代了黃金成為美元幣值的衡量標準。而隨著「石油美元」的誕生,美元霸權在70年代重新確立後,美國便積極宣傳「全球化」的好處。在這個全球化背景下,國際間的貿易量迅速升。根據世界貿易組織(WTO)的數據,在1970年至1990年間,國際貿易金額的年複合增長率為12.7%,而在2000年至2020年間的年複合增長率降至5.1%。

在這將近半個世紀的時間,美國人受惠於更便宜的入口商品、賒購方式所帶來的超前消費動機;而新興國家則可以賺取美元來提升自己的財富水平、經濟急速發展。在90年代期間,美國的人均GDP是23,888.6美元,而當時中國的人均年收入只是317.88美元,相差75倍;同期的英國人均年收入則為19,905美元。由此可見,美國是當時全球最大的消費國,全球向美國出口的金額佔全球的22.47%;相比下,2020年全球向美國出口的金額只佔全球的13.5%。而由於美國的人均收入大幅超越其貿易伙伴,難以從其他

國家賺取足夠抵銷本土成本的盈餘，其他國家只會爭先從美國貿易逆差中，分到更大份額，只要得到美國客戶便幾乎能肯定發達。所以，在石油美元和美國購買力的雙作用下，這些新興國家更是樂見美國的貨幣擴張政策。

推動全球化助長美元獨大

美國推動全球化當然是為了自身利益。美國理想中的全球化環境，是通過輸出低端製造業，令美國企業享有更高的資本回報；只要美國緊緊抓實領先的技術水平優勢，便可以更低成本提高利潤和本地的生活水平；而對於中國這些較低端製造業鏈的經濟體來說，即使經濟規模大幅增長，也會被困牢在勞動密集型的死胡同中，永遠趕不上美國的水平。

而且，在當時的環境而言，推動全球化對美國來說還有4個重大優勢：

第一，新興國家在萌芽階段，要長足發展便需要吸收資金，而外國為了和美國進行貿易，自然會樂於吸收更多美元資金，美國的全球化策略可以大幅增加美元在全球的使用度。

第二，在美元獨大的情況下，美國能夠以賒購的方式向產出國購買商品和服務，而在美國付款時，所支付的美元的幣值，已因為不斷發行新鈔而貶值。

第三，憑著石油美元的獨特優勢，國際間為了購買石油，必然需要提升美元儲備、增購美債；要驅動多大的商貿，就需要相應比例的貨幣，全球化令美元的發行量急增，美國便能夠向債權國徵收通脹稅。

第四，聯儲局控制了美元的發行量，在擴張時期向外流出的弱美元，將會在加息緊縮時期以強美元的方式回流美國，令資金連本帶利回歸美國資本家口袋及國家庫房。

不過，這就衍生一個嚴重的利益衝突問題，當世界貨幣體系以美元為中心的時候，美元的供需會牽動全球幾乎所有國家的貿易、財政及經濟狀況，但唯一能夠主宰美元供應的卻是只為美國政府及美國資本家利益服務的機構。同樣道理，美元作為世界貨幣，它的匯率定價應更反映世界經濟的活動狀況，但美元指數的權重卻被人為地局限在幾個同盟國的貨幣匯率變動。

自90年代後，亞洲及其他經濟體的經濟總量和貿易量比重大幅上升，但美元指數的權重卻沒有任何相應的更改，令美國更容易通過同盟國的配合操控美元匯價。奉行資本主義和利益最大化的美國聯儲局，便有先天動機和能力通過調整美元供應和利率水平來支援美國鞏固地位，即使這些措拖會令其他國家受損也在所不惜。歸根究底，資本社會就是充滿競爭，若其他國家因為聯儲局調整貨幣政策而受到損害，也可以大條道理用「市場力量」作解釋把責任推得一乾二淨。

圖表 2.1　中國佔全球 GDP 份額增長較全球其他地區高

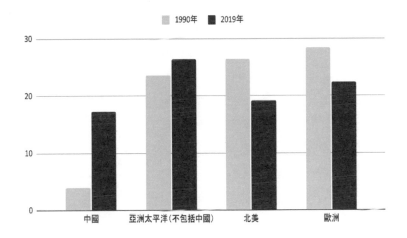

圖表 2.2.　美元指數自 1973 年開始後主要貨幣權重

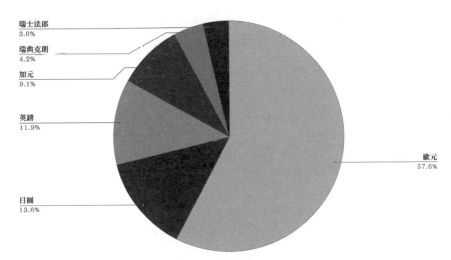

註：美元指數僅在 1999 年歐元推行時，減少貨幣數目

自由經濟的陷阱

80年代起,美國推動全球化,列根的新自由主義也逐漸成為新興國家的模仿對象。新興國家在經濟起飛時,聽從美國意見容許金融業及資本帳全面開放,國際資金能夠自由出入,當美國減息及實施寬鬆政策時,美元踴躍流入亞洲新興經濟體,令亞洲國家享受一時繁榮,資金大量流入也令外債急增,埋下金融泡沫和國家債務危機的伏線。當美國收水加息時,資金將因為新興國家的經濟預期轉淡和息差縮窄等原因而大舉回流,此時新興國家的經常帳盈餘逆轉、外匯儲備流失,並因此形成國家債務危機。

1997年亞洲金融風暴便是以這種形式發生。90年代,美國向外輸出製造業,在1990至1997年間,亞洲國家依靠出口帶動經濟高速成長,與經濟增長放緩的西方國家形成對比,令環球資金流入亞洲國家尋求較高回報。根據1998年世界銀行有關東亞的研究,流向發展中地區的私人資金由1990年約420億美元,以年均增長率近30%增長至1997年的2,560億美元。外資持續流入,亞洲地區普遍出現流動資金充溢、信貸迅速膨脹的情況。而到了1995年後,世界貿易增長大幅放緩,日本央行壓低利率令日圓兌美元貶值,造成亞洲地區出口競爭激烈,經常帳赤字迅速惡化。國際資金察覺新興亞洲經濟出現弱化,資金流急速逆轉,其中,金融大鱷索羅斯(George Soros)沽空泰銖而令泰國把外匯儲備消耗怠盡,最先放棄與美元掛鉤,泰銖匯價急跌,對其他亞洲貨幣形成壓力,亞洲金融風暴由此展開。

2022年7月4日，馬來西亞前總理馬哈蒂爾（Mahathir Mohamad）接受《日經新聞》訪問提及亞洲金融風暴的經驗時，作了以下總結：他認為國家需要建立強大的外匯儲備並要對國家貨幣的交易有充分了解，以防止貨幣受到攻擊；而在亞洲金融風暴發生後，由美國擁有最大話語權的國際貨幣基金組織（IMF）及世界銀行根本不會理會其他國家的狀況，甚至想通過接管別國的控制而令人屈從。

後來馬來西亞再不跟從IMF建議縮減開支和加息吸引資金流入，反而是增加財政開支、重新與美元掛鉤及實施資本管制，成功令馬來西亞比印尼及泰國等更快穩定貨幣市場並從危機中恢復。

藉加息轉移債務違約風險

在過去半個世紀中，美國已多次通過控制全球貨幣供應，影響金融市場的動向，間接促成其他國家出現債務危機，以引爆其他國家的方式來解決自己的經濟問題。除了1997年的亞洲金融風暴，80年代以《廣場協議》令日本經濟陷入失落的30年，2008年美國的房地產泡沫爆破，最終導致全球金融海嘯，並間接令歐債危機發生。今天，聯儲局美其名是為控制通脹而加息，實情是為了避免美國因為陷入長期滯脹或通縮而導致美元危機的出現，人為造成其他國家率先出現經濟危機，而令市場重拾對美債的需求，轉移美國的債務違約風險問題。

我們要理解一個事實，財富是相對性的，沒有絕對的富有或貧窮，財富的多少在於是否擁有或能夠控制比別人更多的資源。美國因為擁有控制貨幣發行的權力，就等於擁有了轉移財富的能力，美元霸權是一個非常方便的工具，每一次遇上經濟困窘，與其花盡力氣令自己重新振作，不如直接把其他人的財富拿走更方便。當有些國家因為資金迅速流走而出現債務危機、甚至破產時，它是在貨幣系統的「帳面」上被破產，但卻要為以「實體產出」償還。若按現代貨幣理論的說法，政府可以無限量提高財赤和債務的方式來刺激經濟，但現實是只有壟斷了世界貨幣體系的美元可以如此，若其他國家的債務水平超過GDP的100%，會立即被削降債務評級。

拖累別國匯率
造就強勢美元

上文強調美國正面對的箇中經濟問題,但實際上是更核心的信心問題。早在伯南克(Ben Shalom Bernanke)就任聯儲局主席的年代,已提出貨幣政策對經濟刺激的效用正在減弱,而到了耶倫(Janet Yellen)執掌聯儲局時,也提出了當量化寬鬆和零息政策都已經出台,若美國經濟再陷入衰退,聯儲局還有甚麼刺激工具可用呢?美國經濟就似一輛老爺引擎,每一次經濟危機都通過用寬鬆政策加油的方式提升動力,當2008年金融海嘯發生時,加油已再無效果,聯儲局就為這部引擎額外添上外置引擎,但現在外置引擎也要失效了,經濟活動及需求仍未夠充分,而通貨膨脹卻要爆發了。

現在面對通脹,實施緊縮政策又如何呢?對內,美國政府需要應對民粹主義抬頭和老齡化等問題,福利和醫療方面的財政開支將會持續上升。對外,地緣局勢緊張的氛圍令美國不敢冒險放慢軍事開支增長,G7為抗衡中國一帶一路而啟動的全球基建和投資伙伴關係項目,也必然會令軍事和外交的開支持續增加。若聯儲局要落實緊縮政策,令市場資金減少,又有誰去購買美國國債,支撐美國的只增不減的龐大開支?

當政府財政開支無法縮減的情況下，若緊縮政策導致私人市場萎縮。美國便會步入通縮困境，進一步突顯美國的債務水平和償付能力問題。而且，私人市場萎縮意味投資意欲下降，令美國低生產效率的問題進一步惡化，對長遠經濟造成更深的負面影響。

面對這些困境，美國的應對措施是推動逆全球化策略，提倡本土製造，一方面刺激本土就業，也可降低貿易赤字和降低對中國的依賴。不過，推動本土製造非常困難及耗時，要建立完整的生產鏈是一個超長期的戰略。而且，以美國的工資水平和目前的生產效率，將會令美國出現價格／工資螺旋（Price/wage Spiral），即工資上升會增加可支配收入，從而令增加對商品的需求導致物價上升，這令聯儲局要成功壓制通脹更加渺茫。

利用日圓貶值制華

明顯地，單靠美國自己的政策和工具，已無法扭轉經濟即將步入衰退或滯脹的趨勢。但美國可以做的是還有其他，例如，可以尋求方法令即使自己經濟步入衰退或滯脹但不致於引發債務危機。由於財富和信心都是相對性的，自己有問題的話，搞砸別人的就可以解決了。當其他國家率先步入衰退及出現債務危機，美國國債就能夠順利繼續擔當避險資產的角色，令美債需求增加。因此，聯儲局便著手加息及營造強勢美元的印象，把美元資產塑造成既安全又有合理回報的投資工具。

但要打造強勢美元並不是易事，尤其是當美債已開始受到市場懷疑的時候。2022年6月，美國十年期債息已升穿3厘，但市場對美債需求仍未轉強，一方面是市場相信通脹未見頂，利率仍會向上，另一方面是美元作為儲備貨幣的份額下降，各國央行陸續減持美債。更明顯的情況是，聯儲局在6月開始縮表時，美元匯價曾一度不升反跌，而中國市場卻有資金流入股市。（後來因為中國遲遲未肯放棄動態清零政策而令外資失望及卻步，但這是額外的因素。）

此時，作為美國附屬國的日本，也就要重演1997年般壓低日圓匯價來幫忙造就強勢美元。日圓也屬於避險資產，若日本央行不顯示日圓續弱的決心，當美國出現衰退時，資金很可能反而會增持日圓。而日圓弱勢，才可令美元繼續走強，若美元兌日圓升至150水平。（見圖表2.3，美元兌日圓曾於2022年10月22日觸及150水平。）則很可能會觸發新興市場資金進一步回流美國，亦能夠將通脹轉介至亞洲國家。尤其是當亞洲國家通脹水平仍遠低於美國。

對美國來說，日圓貶值最少有兩個戰略作用。第一，美國要壓低通脹，但短期仍要依靠中國出口，尤其是較高技術的電子及汽車工業。通過日圓貶值，能在中期提升日本出口的競爭力，便能夠起到以日制華的功能，相信兩年後美國會增加日本貨品入口，對日貿易逆差會增加。

圖表 2.3　美元兌日圓 2021 年至 2022 年匯價

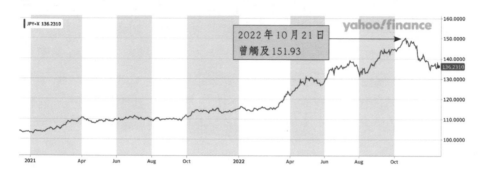

2022 年 10 月 21 日曾觸及 151.93

註：數據截至 2022 年 12 月 15 日
資料來源：Yahoo Finance

第二，全球只有兩大儲備國及債權國（中國和日本）有能力在美國加息的情況下繼續維持寬鬆貨幣政策。資金流向離不開確定性和回報率兩大因素，而最靠譜的自然是美元、日圓和人民幣。所以，美國加息和日圓貶值配合，能夠令美元指數大幅上升，營造美債資產有息收、有增值，以加強新興市場資金回流的誘因。1997 年亞洲金融風暴時，美元升息資金回流，就是中國宣布人民幣與美元掛鉤，協助亞洲匯率築底。所以，若日圓的貶值令美元升值預期升溫，對中國和亞洲國家都是壓力。不過，日本作為高儲蓄國，日圓貶值只會令本地購買力下跌，日本又到底能堅持「倒貼」美國多久呢？

不過，日本也不是坐以待斃。隨著日本央行已持有逾五成國債，日本金融政策向美國倒貼的行為已令日經債市隱約出現危機，令日本央行在 2022 年 12 月調整其「控制孳息率曲線（YCC）」政策，為未

來加息鋪路，意味日本以犧牲本國利率回報補貼美國的行為將劃上句號，有經濟學家形容日本此舉，有如偷襲了美國的金融珍珠港。另邊廂，日圓匯價在2022年10月曾跌穿150水平，經濟學家預期中的亞洲金融風暴並沒有發生，也反映亞洲國家累積的經濟實力，不容易讓美元霸權得逞。

推動中國資產「不可投資」

除此以外，美國也要積極推廣中國資產「不可投資」（uninvestable）的印象。例如，中國公司赴美上市的歷史已有22年，而早於2011年中概股被指存在會計違規行為的企業便多達數十家，美國上市公司會計監督委員會（PCAOB）對中概股審計質量早已提出關注。但中美審計風波卻要到2020年底，時任美國總統特朗普簽署《外國公司問責法案》（HFCAA）後才正式發酵。美國開展的金融宣傳攻勢自然少不了華爾街大行。

摩根大通（JPMorgan）在2022年3月份的一份研究報告中，曾將中國互聯網股票描述為「不可投資」（uninvestable），理據是國際投資者開始消化中國地緣政治風險且對監管風險的擔憂上升，並把多隻中概科技股的目標價大削三至八成。故事的後續發展是，摩根大通展開內部調查，並認為是編輯方面出現錯誤，錯用了「不可投資」這個形容詞。不過，當時分析員大削目標價就肯定與編輯無關了，摩根大通要公開表態認錯，更似是出於面對中國壓力的因素。

貨幣之爭，也是認受性之爭，亦即是信心之爭。美國要防止有美元的替代品或補充品的出現，便要從多方面打擊對方的市場信心。可以肯定的是，美國將會繼續在經濟及金融層面對潛在及有能力的競爭對手予以打擊。

不過，美元的內部問題是，它所衍生的交易成本正在快速上升，這主要體現在通脹和使用美元所帶來的風險成本兩方面這，而美元的的相對認受性也在下降，這主要體現在貿易份額和儲備兩方面。

 # 國際經濟
醞釀去美元化

貨幣的選擇是基於它的市場性和其所衍生的邊際交易成本,這兩個特質應用在美元上,就容易了解美元能夠成為世界貨幣體系中心的埋由,但隨著世界經濟結構已出現重大轉變,美元在這兩個特質的相對優勢也逐漸褪色。

而在邊際交易成本上,持有美元可以交易任何商品,從這層面看,先換取美元再購買商品所衍生的耗損很低。但使用美元仍然需要付出不少成本的,例如兌換美元的價差成本、美國通過發行貨幣所徵收的通脹稅等。

不過,這部分的交易成本在大部分情況下都較低,只要美國經濟繼續增長,從美國賺取的利潤自然可以彌補這些成本。另外,美國向外輸出經濟危機其實也是一種成本,但因為較難確定危機會在甚麼時候發生,卻可以肯在危機發生前的一段長時間,繼續沿用美元會繼續為自身經濟帶來好處,令到這種最致命的風險往往更難察覺,甚至被忽視。因此,各國對於沿用美元的交易成本,一直被接受和容忍。

不過，自2020年疫情爆發後，出現了一個重大的轉捩點。聯儲局在短短一年間把量化寬鬆的總規模擴大了一倍，印鈔的速度迅間提升10倍，這意味著隨之而來的通脹也會是過去十年平均的數倍甚至是10倍升幅。2022年6月，美國消費者物價指數上升到9.1%，若按未改制前的計算方法，消費者物價指數更高達18%，是過去十年平均約2%的九倍之高。

若把消費者物價指數升幅看成是美國向外徵收的通脹稅，考慮到一般生意的平均淨利率約10%的時候，2%通脹稅的交易成本還是可以接受的，但當通脹稅高達9%時，就已經把大部分利潤都蠶蝕掉。而且，美國已出現價格／工資螺旋，幾乎可以肯定高通脹將會維持一段長時間，有更多經濟學家加入建議聯儲局把通脹目標從2%調升至4%。但即使是4%的通脹稅成本仍然比2%高出一倍，對於美元的交易效率而言是重大的打擊。

因此，即使聯儲局早在2020年宣布了新政策框架，批准調整通脹目標、市場亦無人相信聯儲局可通過加息或緊縮令通脹回落至2%，但聯儲局對外需堅定地維持2%通脹目標。因為，若聯儲局公開正式承認提高使用美元的通脹稅成本，很可能會加速國際貿易市場尋求美元以外的替代品。

另一方面，美元的市場性也正在發生變化。

實施長臂管轄制裁成癮

2014年，法國巴黎銀行（BNP Paribas SA）因為違反了美國禁令，利用美國金融系統向美國實施制裁的國家包括蘇丹、伊朗和古巴三國轉移資金。為此法國巴黎銀行要支付89.7億美元罰款，相當於該行兩年的收益。為此，時任法國財政部長薩班（Michel Sapin）曾為此表示：「我們認識到使用（美元以外）其他貨幣的必要性」，從此開啟歐洲政壇對「去美元化」的討論。

美國的「長臂管轄」制度容許起訴所有使用美元的公司，令跨國公司擔心被制裁和被美國市場排斥。據中國社會科學院金融研究所副研究員鄭聯盛指出，美國財政部以司法管轄區作為界線，將制裁分為兩個級別，針對非美國實體的次級制裁突顯了美國的域外管轄權；還有分對個人或私人部門銀行的單點式制裁、對國有大型金融機構的打壓式制裁、對中央銀行的破壞式制裁和對特定國家的緊急資產凍結等模式。這種被美國「捏住喉嚨」過活的日子，對不少國家及企業而言早已產生反感。而且，若與美國友好及同盟的法國也因為被美國司法和政府部門施壓而感到震驚，那其他非同盟國又如何自處。

美國利用金融制裁實現外交及經濟目的的效果顯著，令美國制裁成癮，被美國列入制裁名單的國家不斷拉長，制裁種類日趨豐富，制裁的力度更愈趨提升。例如在2019年，美國對伊朗實施「最高級別制裁」，對象包括伊朗中央銀行、伊朗國家發展基金以及一家伊

朗企業，伊朗中央銀行在美國的資產被凍結，這是美國首宗針對國家中央銀行進行全面制裁，斷絕了伊朗央行與其他中央銀行的交流合作。

2022年2月，俄羅斯入侵烏克蘭，美國及其盟友隨即對俄羅斯實施了多方面的金融制裁。第一，把俄羅斯主要銀行列入「特別指家國民和被封鎖人員」（Specially Designated Nationals and Blocked Persons, SDN）名單，即凍結了俄羅斯主要銀行在美國的資產；第二，把7家俄羅斯銀行從SWIFT體系移除，使俄羅斯銀行難以在國際金融往來中參與國際金融交易；第三，凍結了俄羅斯央行儲放在西方國家的外匯儲備，俄羅斯央行擁有約6,300億美元外匯儲備，其中約3,000億存放在西方國家的中央銀行或託管銀行全都被凍結。不過，美國財長耶倫也坦言：「目前在美國，政府沒收這些（資產）是不合法的。這不是美國法律允許的事情。」

制裁俄羅斯的兩極意見

在美國對俄羅斯實施金融制裁之初，美國政府和與其同氣連枝的IMF也聯手發動宣傳攻勢，這邊廂白宮引用專家預測說2022年俄羅斯GDP將縮減高達15%，並會抹殺其過去15年的經濟成長。那邊廂IMF首席經濟學家古林查斯（Pierre-Olivier Gourinchas）則認為歐美對俄實施制裁將令其經濟近期內將無法復甦；而且，若制裁擴大至能源出口，將導致俄羅斯2023年前的經濟產出縮減多達

17%。美國總統拜登更誇誇其談說「Ruble is almost reduced to rubble」（盧布已幾乎淪為瓦礫），並認為俄羅斯盧布匯率要跌至 1:200。（執筆時的 2022 年 12 月 1 日，盧布匯率為 1:60.56，全年高位為 2 月的 1:135.8。）

華爾街在此時則出現了兩種截然不同的聲音，一方面，投資銀行的經濟師和分析員幾乎清一色認為俄羅斯經濟將會崩潰，並預測其 GDP 將會出現雙位數的跌幅，其中，摩根大通分析員認為俄羅斯經濟將會在第二季將大跌 35%。但同一時間，華爾街高層卻極力游說美國政府不要以 SWIFT 作為武器對付俄羅斯。摩根大通行政總裁戴蒙（Jamie Dimon）在 2022 年 3 月 1 日指出，SWIFT 是過去時代的遺留產物，以 SWIFT 制俄羅斯的措施將會徒勞無功。並會在未來幾年將會適得其反，破壞美元（和歐元）的儲備貨幣地位。

結果如何呢？截至 2022 年底的政局發展，暫時是應驗了戴蒙的預測，俄羅斯經濟未見受到嚴重負面影響。俄羅斯入侵烏克蘭後，俄羅斯盧布兌美元曾大幅貶值 25%，俄羅斯股市出現崩盤並一度暫停交易，數百家歐美企業撤出⋯⋯但這些影響都非常短暫。俄羅斯第二季經濟只同比下跌了 4%，當地服務業、製造業和勞動市場的情況都比預期好；相比起來，2020 年第二季疫情時俄羅斯經濟跌幅更嚴重，GDP 下跌了 7.4%。限制俄羅斯能源出口更是徒勞無功，歐洲減少對俄油入口比原先預計少得多，中印和其他國家對俄油入口上升，按彭博數據，俄羅斯每日的石油出口保持在 700 多萬桶，並未有明顯減少。而且，制裁措施限制了歐洲進口俄油，令國際能

源及商品價格大升，反而刺激了俄羅斯出口收入，令其第二季經常帳盈餘高達701億美元，創28年歷史新高。至於俄羅斯盧布也未有如拜登所言兌美元跌至1:200，隨著俄羅斯央行大幅升息至20厘並控制資本外流，盧布急邊升值至戰前水平，自烏俄戰事爆發至9月初，盧布升幅接近40%，令俄羅斯央行反而要調頭減息。

當俄烏戰仍在進行、歐美仍在不斷加大對俄羅斯的制裁，但俄羅斯盧布匯率回升、通脹緩和、經濟活動及金融市場也逐漸回復正常，俄羅斯的經濟表現比所有專家最樂觀的預測還要更好。這不僅反映俄羅斯的經濟韌性比預期高，也顯示出俄羅斯有能力及方法繞過美元體系繼續保持其實體經濟業務。更重要的是，即使美國恫嚇會對繼續與俄羅斯貿易的國家進行二級制裁，但仍有共佔全球GDP逾40%的一百多個國家保持與俄的貿易，同為能源大國的阿聯酋更是與俄羅斯往來頻繁，歐洲則尷尬地顯示出其不能脫離俄羅斯能源供應的窘態。為此合理懷疑，這40%的全球經濟體系和部分歐洲國家都心存結束美國貨幣霸權的願望，並已經為此悄悄準備。

多國新機制削SWIFT獨大

上文提到西方國家對於利用
SWIFT制裁俄羅斯出現爭議。
SWIFT是由全球銀行出資於

1973年建立的國際資金結算網，是國際結算體系的重要構成部分。SWIFT系統是全球跨境金融信息最主要的通訊渠道、資金往來結算的一個報文系統，並由其會員銀行負責運作，每天處理超過200國家和地區跨境金融業務，以及逾11,000家金融機構數百萬筆支付指令。理論上，SWIFT的定位保持中立，但實際卻由西方國家主導、董事會亦由北約壟斷。若被踢出SWIFT系統，幾乎就等於被切斷了與國際金融體系的聯系，資金的往來就很困難。

不過，SWIFT一家獨大的局面正在被改寫。全球多個國家正在探索在國際貿易中使用雙邊和多邊貨幣協議結算交易，並推進外匯儲備多元化，以多種方式實現「去美元化」。

自法國巴黎銀行罰款的事件開始，歐洲一直尋求去美元化的途徑。2019年，法國、德國、英國共同成立了一個新的貿易往來機制INSTEX（The Instrument in Support of Trade Exchanges），並獲得比利時、丹麥、芬蘭、挪威、荷蘭和瑞典的加入。在美國主導的體系外，不使用美元，而是通過「以物易物」的模式，讓伊朗繼續出售石油並進口其他貨品或服務，以幫助歐洲銀行繞過美國制裁與伊朗進行交易。

作為INSTEX的創始成員，德、法、英三國在脫歐問題上勢成水火，但在「去美元化」的立場卻非常鮮明一致，寧可開罪美國也要和伊朗保持往來，反映歐洲對美元霸權的容忍已到了臨界點，並需要採取實際行動。

INSTEX難抗衡美國

歐盟委員會主席容克曾指出，歐洲每年進口價值3,000億歐元的能源，只有2%來自美國，但卻要用美元支付80%能源進口帳單，而歐洲企業購買歐洲製造的飛機也需要用美元結算，並形容這情況很荒唐。由此可見，雖然INSTEX的出現是因為伊朗制裁，但歐洲對自己過度依賴及使用美元是充滿抱怨。

因此，可預期INSTEX會進一步擴充，若俄羅斯、中國、印度等大國也一同加入將會對美元地位造成嚴重打擊。只不過，在俄烏問題和抗共意識上，歐洲認定與美國有更大的共同利益，卻令到INSTEX難以成為與SWIFT抗衡的力量。試想，若作為美國友好歐洲國家都試圖對美元霸權作出某程度的反抗，其他關係較疏遠的國家也必定密鑼緊鼓地開始籌備。美國愈是使用金融制裁和美元武器化的手段，對受制裁國家固然造成影響，但對美元信用的損害更大。

在美國對俄羅斯實施制裁，尤其是把俄羅斯踢出SWIFT後，很多國家對繼續使用美元進行國際貿易結算產生疑慮，危機來臨，為了求生，各國也不再遮遮掩掩了，引發了全球「去美元化」加速的趨勢。但德國以至歐盟，則為了維護西方政治及資本主義的團結和發達國家稱號所帶來的優勢而被迫靠攏美國。

金磚五國推新支付系統

俄羅斯對於被美國施以金融制裁是早有準備。早在 2014 年入侵克里米亞時，俄羅斯銀行（Bank of Russia）已研發替代 SWIFT 的金融資訊傳輸系統 SPFS（System for Transfer of Financial Messages）；在 2015 年也推出了自己的電子支付系統 MIR。在制裁實施後，俄羅斯銀行迅速發布聲明將使用 SPFS 用於俄羅斯境內的支付。根據俄羅斯銀行網站的資料，至少有 331 家國內外銀行加入了 SPFS 系統，其中包括德國、瑞士和其他地區的 23 家外資銀行。而在 6 月底時，俄羅斯央行公布已經有 12 個國家 70 家銀行接入了 SPFS。

同樣被最高級別制裁的伊朗，亦啟動了伊朗裡亞爾／俄羅斯盧布貨幣交易。鄰近的土耳其也與俄羅斯協商雙邊貨幣協議，包括用盧布購買俄羅斯能源，並接受俄羅斯遊客在土耳其使用盧布消費。

包括俄羅斯在內的金磚五國（BRICS），作為發展中國家的代表，在 2019 年已開始發展一種屬於成員國之間的單一支付交易體系，並開發「金磚五國加密貨幣」；而在俄羅斯被制裁後，金磚五國也正在商討擴大本國貨幣的使用、整合五國的支付系統成立自主結算網，以減少使用美元。金磚五國之間的投資佔全球總投資流入的 20% 以上、土地面積佔全球 26%、人口總數更佔世界總人口逾 40%，隨著多年以來的財富累積和中產人口上升，可以預見金磚

五國的資金流量佔全球的比重會愈來愈高，若它們共同減少使用美元，對撼動美元地位將會發揮很大的力量。

在金磚五國當中，經濟份額最大的中國是抵抗美元霸權的重要力量。在去美元化的過程中，早在2015年已推動人民幣跨境支付系統（CIPS, Cross-border Interbank Payment System）的發展，積極推動人民幣國際化的進程。雖然由CIPS運營的人民幣跨境支付系統交易量比SWIFT少，但CIPS的成交金額增長非常迅速，2022年上半年CIPS系統處理的日均交易額是2016年的21倍。

東盟支付網絡繞過美元結算

在推動去美元化的進程上，又怎少得曾身受1997年金融風暴之害的亞洲國家。2020年美國指摘越南、泰國、新列入到匯率操縱觀察名單中，加上之前已經列入觀察名單的新加坡和馬來西亞，東南亞主要經濟體幾乎都被美國財政部指稱操縱匯率，而印尼雖然未被列入觀察名單，但也正處於美國的301調查，東南國各國隨時有被制裁的可能，令東盟國家更迫切要建立自己的支付網絡。2022年7月，東盟五大經濟體：馬來西亞、印尼、泰國、新加坡和菲律賓，宣佈達成共識成立區內的集成支付網路，讓東盟各國國民可以通過這個集成支付網，繞過美元直接進行外匯結算。

至於近年經濟急速發展、經濟潛力最大的非洲大陸也不甘落後。2022年1月，非洲自貿區宣布正式啟用泛非支付結算系統，旨在協助非洲國家擺脫對第三方貨幣的依賴，節省貨幣兌換的成本。通過這個泛非支付結算系統，非洲國家之間的貿易，可以不需要先兌換美元就能以本國貨幣進行結算。2022年6月，西非15國也宣布了決定在2027年聯手發行新貨幣ECO，而現時其中8個國家正使用與歐元掛鉤的西非法朗，對美元地位會造成損害。

除了成立支付系統以外，各國也在增加自己貨幣的使用率和對非美元貨幣表示出更大支持。例如，俄烏戰以來，印度已分別使用阿聯酋幣購買俄國石油、用人民幣購買俄羅斯煤炭和其他商品、推出新機制以盧比作跨境貿易結算；東南亞國家使用人民幣也愈趨普及，2021年中國—東盟跨境人民幣結算量達到4.8萬億元，在10年間增長接近20倍。

去美元化絕不是一個只有零星幾個「邪惡國家」為了亂生事端唯恐天下不亂而搞出來的噪音，歐洲、亞洲、中東和非洲各國，對於繼續依賴美元作為主要貿易貨幣都顯示出要推動改革的決心。完全是因為使用美元的交易成本愈來愈高昂，美國使用貨幣武器化的風險愈來愈高，而且，美國也再不是那個擁有絕對購買力、不能替代的唯一買家。

增加非美元及黃金資產

去美元化除了在國際貿易間加速進行，各國對美元的使用率下降和為了互相提升非美元貨幣的信心，也開始了相應地提升非美元資產儲備，從2000年至2021年，美元在全球央行中的儲備比重從74%降低到了59%。在各國央行增購的非美元資產中，最明顯的是黃金儲備。根據世界黃金協會（WGC）的統計，截至2021年9月，各國央行的黃金儲備總量合計約3.6萬噸，為1990年以來最高水準，在過去10年間，各國央行的黃金儲備增加了4,500多噸或15%。而在2019年至2022年初期間，全球央行黃金淨採購量已超過2,800多噸。早有準備被美國制裁的俄羅斯在早幾年曾經是主要黃金買家。

黃金的需求從其價格可以顯示到，踏入2022年以來，雖然聯儲局上調利率至3.25厘，令美元指數自年初上漲了13%，儘管黃金價格一直較為波動，並已從2022年的高位回落，但同期黃金的價格只下跌了約6%，相比全球主要貨幣的下跌都要輕微，而同期的美國標普500指數的跌幅更超過20%，黃金的抗跌力足以作為一種強力的避險資產。

2.4 取代美元霸權的潛在挑戰者

美國人為地操縱美元指數的權重、獨攬作為「世界貨幣」供應量的控制權，以及通過免責手段和其他例如宣傳及調動金融力量等方式，令美元、美國債務和美國股票市場都出現虛漲的情形。造成的結果是，其他具有生產力的和豐富資源的國家，它們的幣值、資產值和購買力被這些所謂的「市場因素」而不合理壓低，被處於極不公平及脆弱的位置，當美國出現重大貨幣政策轉向時就很容易出現金融危機。有趣的是，身處在「發達地區」的市民，尤其是港元與美元掛鈎的我們，卻因為不明白這些「不公平待遇」的成因，反而把更多的責任歸咎於這些受害的國家。

不難想像，任何國家都希望自己能取代美國的地位，取得支配全球的貨幣霸權。但有哪一個國家能夠做到呢？市場的目光即望向歐元、人民幣、日圓等次大國際貨幣和數碼貨幣的潛力，但似乎暫時無一個種貨幣能完美地做到替代。若有任何貨幣要成功取替美元地位，它必定要從交易成本和認受性兩方面完勝美元，而且，要推倒一個沿用已久的體系，新的替代方案必定需要向市場提供更大的信

心，最起碼需要有與美國相當的經濟規模和令市場信任的市場體系。聯儲局在2021年10月6日也發佈過結果類似的研究報告，指出美元的3個潛在挑戰者包括歐元、人民幣和數碼貨幣，但這些貨幣各有自身的問題，認為在可預見的未來內，美元地位似乎不太可能下降。

日圓——附庸美國多掣肘

作為美國的附庸國，日本哪怕是有一丁點想扳倒美元的想法也不可能會有。在上世紀60至70年代，日本經濟急速增長曾令美國感受壓力，在當時日本經濟的全盛時期，也要聽從美國的施壓而讓日圓升值和開放資本帳，間接令自己出現經濟出現數十年的低迷。在經濟增長緩慢、人口嚴重老化的今天就更不可能有提升話語權的可能性了。而且，雖然日本在2010年前長期保持貿易盈餘，但由於日本以加工業為主，以本幣在國際貿易的空間相對有限，也限制了日圓的國際化進程。其次，雖然日本是重要國際金融中心之一，但日本央行卻是日本股市的最大股東，若撤除了日本央行對股市的支撐，日本金融市場的活躍度、交易量和流動性方面都非常低，因此亦限制了日元的國際化進程。

歐元——成員國財政差異大難發圍

相比日圓而言，歐元在貿易及金融活動的使用度就高得多了，而且，歐洲是推動全球可持續發展和金融趨勢的先導者，令歐洲在金融領域方面的監管更有優勢，對歐元的話語權是重要的支撐力量之一。不過，歐元的缺陷也有很多，各成員國的財政狀況和經濟表現差距巨大，而且，歐元區成員國必需遵守相關規定，例如財政預算及赤字佔GDP比例不得超過3%，也禁止金融機構及國家央行對政府赤字提供融資（諷刺地，美國以此為自己的優勢）以防對其他成員國產生溢出效應。林林種種和格式化的規範，限制了成員國對經濟提供有效的支持和削弱了適用於自己國家的政策調節能力。

而且，事實上，不少歐元區成員國的負債和財赤水平已超過規定，令歐元區政策的約束力形同虛設，也成為歐洲央行的信心缺口。再者，從2022年歐洲出現的能源危機、糧食危機和通脹危機等情況，也可看見歐洲經濟結構的對外抗逆韌性低、歐盟的對內利益博弈分化嚴重等問題，使歐元成為一個體形龐大，但架構脆弱的存在。

人民幣——資本管制另闢蹊徑

中國的經濟規模僅次於美國，而且隨著民間財富在過去30年不斷累積，作為世界人口最大國的地方，中國的內需日漸增強，也逐漸成為不遜色於美國的購買力量，在全球貿易上，早已超越美國成為

不少國家的最大貿易伙伴，中國自己也積極推動人民幣跨境支付系統（CIPS）的成立、數十種不同類型的互換協議和數碼人民幣等方式，令人民幣可跨過SWIFT系統在國際貿易裡的角色愈來愈重要，人民幣也早已是世界第二大的貿易融資貨幣。

在俄烏戰發生後，人民幣的在國際貿易的使用度更是進一步提升，尤其是沙特阿拉伯接受以人民幣計價部分石油出口、以色列把人民幣納入外匯儲備貨幣、亞洲各國也加緊採用更多以人民幣計價的貿易活動等，都反映人民幣在國際舞台的重要性持續提高。而且，IMF在2022年5月已把人民幣在特別提款權貨幣籃子的權重提升至12.28%，這也顯示出人民在外匯儲備貨幣構成（COFER）中的2.88%佔比將會有很大的上升空間。

人民幣在國際上的話語權的確在持續增強，但也不可能突然就能夠取代美元霸權。較多人相信的一個原因是，因為為實現受管理的浮動匯率制度，堅持資本管制，限制了資金的自由浮動；認為這種模式雖然促進了中國經濟發展、避免了幾次美國向外輸出的金融危機，但同時限制了人民幣的國際化進程。不過，這種立論的角度的角度是出於一種「不被察覺」的偏頗。因為，在美元仍然是全球貨幣體系操縱者的環境下，開放資本帳和利率自由浮動就等於是接受以美元為主導的遊戲規則和遵從於它的力量，而根本不是真正的自由市場中的自由浮動。所以，從中國積極增加互換協議、離岸人民幣結算和數碼人民幣措施來看，中國要實現的是在美元體系以外，建構一個以人民幣為主的新多元貨幣國際貨幣體系。

美元弱化期漫長

不過，就目前而言，即使在國際貿易層面上，美元的角色已被淡化，但任何國際系統或規則的轉變，都會出現較長的探索階段和過渡期，而由於美元在全球金融資產的定價和交易上仍然佔有絕對的主導地位，它作為儲存財富的功能仍然非常堅固，美元角色在金融層面上的變化將需要更多的時間，或是在貿易層面上已出現明確的淡化趨勢才會開始發生。而且，扳倒美元地位，令全球資產價格萎縮，對持有美元資產的債權國而言會面臨大規模的撇帳虧損，對中國或其他國家來說顯然是弊大於利。所以，站在美元用家的立場，繼續維持及承此美元的地位有其必要性，美元在金融領域被弱化的過程，要比在貿易領域的要長得多。

關於建構以人民幣為主導的新貨幣體系上，在2022年1月，我在專欄中特別提到，當聯儲局收水令全球資金由鬆轉緊，若人民銀行能在此時放水彌補資金缺口，相信各國很樂意看見這種由聯儲局與人民銀行的兩大全球央行齊驅的局面。而似乎，後來從中國政府的發言上也顯示了不取代美元、不揭起金融冷戰、與美元系統互補協同的主調。例如，在2022年4月，中國人民銀行行長周小川在「2022清華五道口全球金融論壇」中便以謙虛的態度指出，數字人民幣是以零售為出發點，而CIPS在設計和功能上與SWIFT不同，並認同SWIFT的地位和作用難以取替。而在8月，北京大學匯豐金融研究院執行院長巴曙松也在國際金融雜誌撰文，比較SWIFT

和CIPS的異同，並強調者之間沒有競爭性，並提倡兩個系統「互補並行」和「協同發展」。

至於人民幣能否成功建立一個新的貨幣體系，現階段仍是起步階段，對中國及其貿易伙伴而言，使用人民幣或本幣作為貿易媒介的成本肯定要比使用美元更低。但在認受性和信心上才是更大的關鍵，即使中國以其他方法解決因資本管制對資金流動自由造成限制的顧慮，更重大的問題是，中國要如何展示出它的「中國特色社會主義」要優於現行普及的資本主義模式呢？或者最起碼，這種「中國特色社會主義」要如何展示出它保護個人以至機構投資者權益的決心？

霸權搖搖欲墜
美元的還擊

美元地位將會沒落？這是難以想像和相信的事情，你可能會覺得但凡提出美元沒落這種論調都是些危言聳聽或者是仇美的人，但如果說美元霸權地位不保的是美國的爪牙IMF又要如何看待呢？

2022年6月，IMF的經濟學家聯合發表網誌，表示美元作為全球儲備主要貨幣的地位正在發生變化。主要原因是：美元在全球外匯儲備中的佔比下降；非傳統貨幣市場的流動性不斷上升，令各國央行對非傳統外匯儲備的興趣增加；10年期美國公債孳息率（Yield）下降的情況下，各國央行轉向值利率更高的債券；而且，新金融科技的冒起使小型經濟體的貨幣交易成本更低。

美國投資銀行界的其中兩大巨頭，摩根大通和高盛相繼表態對美元地位的擔憂。高盛經濟學家Cristina Tessari在2022年4月發表的報告更直接作出警告，美元面對類似19世紀英鎊貶值前的挑戰，包括與美元在全球支付中的主導地位相比，美國在全球貿易的份額相對較小；美國的淨外國資產狀況持續惡化，債務不斷增加；並且面臨著多方地緣政治問題。

拖累全球收縮以提高話語權

當自己人都對美元地位提出警示時，表明全球對美元信心正處於危機邊緣。站在美國的立場，就有必要盡快啟動強勢美元的戰略，擁有控制美元供應的聯儲局有責任維護美元地位。

第一步當然是宣傳，紐約聯邦準備銀行在7月5日同樣以發表研究報告的方式作出反駁，指出美元的國際主導地位，無論是在貿易、投資、全球儲備貨幣方面都依然非常堅固，美元地位沒有與之匹敵的競爭對手。第二步，提高10年債息利率，提高美債相對外國債券的吸引力，並加大力度強調繼續升息的必要。第三步，就如前文所講，聯合歐日令美元指數上升，營造強勢美元的形象。這些方法能夠加速海外資金回流，通過減少在國際市場流通的美元來營造對美元的需求，此舉也能夠引發海外市場出現債務危機的恐慌，令美元重拾避險資產的地位。

這幾招連環技幾乎與亞洲金融風暴時如出一轍，這種策略的好處是，當海外發生經濟危機、債務危機時，市場便沒有人再去擔心美國的債務危機；而且，即使緊縮政策會令美國經濟步入通縮，美國政府近年實施的直升機派錢方式令居民財富和存款大增，加上美元匯價上升，將在未來一兩年內形成強勁的購買力，提供時間空間向外輸出經濟危機。在財富是相對的概念下，當別人的經濟規模下跌五成，而自己只跌三成，美國的經濟持份卻是相對的增加了，通過拖累全球收縮來提升自己話語權後，便能夠繼續利用美元霸權在國際市場獲益。

但問題是,這個如意算盤能否這麼順利?

重啟寬鬆或致美元長期貶值

鑑於美國的財政赤字和經常帳餘額規模,幾乎可以肯定美國長遠將發行更大量的美債來支撐開支,加息收水所造成的是令美元的供應減少,營造了國際市場對美元有強勁需求的假象,美元匯價因為加息而抽高是臨時性的,當通脹回落或美國經濟狀況再抵受不住緊縮政策時,大約是一至兩年的時間,當聯儲局重啟寬鬆政策,美元將會長期貶值。

2022年,投資市場最擔心的是聯準會加息收水、推行量化緊縮政策,令市場資金減少、資金成本上升。但聯儲局有能力、有決心縮表嗎? 2008年金融海嘯後,聯儲局推行了四輪量化寬鬆,其資產負債表有八成時間都在擴充,到鮑威爾就任聯準會主席後,雖然曾成功將資產負債表的債務由4.4萬億美元縮降兩成至3.6萬億美元,但當2018年第四季美股在短短幾星內大跌兩成時,鮑威爾便立即轉呔並暫停緊縮,又新創「逆回購」(Reverse Repurchase Agreement),在2019年中月至2020年2月期間,向市場挹注數千億美元融通性資金,令聯儲局的資產負債表規模重回約4萬億美元水平,美股在此期間也因此回升了超過一成。

故事的後續發展,相信大家都已經知道,隨著疫情出現,生產鏈停

頓導致大規模資金鏈斷裂的風險劇增，聯儲局在短短兩個月內把資產負債表規模從4萬億美元拉升至7萬億美元，在2021年底更進一步上升至接近9萬億美元規模。第四輪的量化寬鬆只實施了大概一年時間，規模已達到5萬億美元，超過了頭三輪量化寬鬆總規模3.6萬億美元。總計下，自2008年至2021年期間，美國股市的總市值增長了4倍或4萬億美元，或相等於13年期間量化寬鬆總規模的一半。

鮑威爾在2020年推行加倍的量化寬鬆時，一再向市場強調此舉不會刺激通脹，到了2021年通脹開始升溫時，他又一再強調通脹只是過渡性情況，但當通脹突破8%後，他終於改變立場，推行強硬的加息緊縮政策，並表示有信心令經濟軟著陸，到後來經濟狀況轉壞，他又表示對軟著陸沒有信心了。市場對聯儲局的權威和操守還會有多少信任？

美債息率增需求卻薄弱

對於美國再次動用美元霸權的力量向全球溢出危機和對美國的過度債務問題，其他國家只要有能力的都已籌備了好一段時間，大家對這次即將發生，甚至是已經發生的全球性危機，已經是有備而戰。亞洲國家在近10年經濟增長迅速的時間，加上亞洲金融風暴的經驗，累積了足夠抗衡危機的資本和策略，真正發生債務危機的國家都集中在經濟和財政實力非常弱的國家，例如斯里蘭卡。另邊廂，被稱為成熟經濟體的歐洲國家，債務水平及經濟表現更令人擔憂。

有趣的是，美元匯價上升了，美國十年債升也已經升至3%以上，但市場對美債的需求仍然薄弱，長債的需求更低。8月份，30年期國債孳息率較發行前交易孳息率高，說明交易商高估了市場認購美債的需求。由於美國政府需要發行更多公債來資助財政赤字，但聯儲局卻正在實施量化緊縮，全球最大避險基金「橋水基金」（Bridgewater）創辦人達里奧（Ray Dalio），在9月時預計利率要升到4.5%至6.0%才會有足夠的美債買家出現，但當美債有足夠的買家時，投入實體經濟的資金還有多少？

總結一下美國現時面對的主要問題，包括：

1. 雙赤字及債務規模持續上升，令美國陷入債務危機或類似日本由央行為政府開支包底的趨勢，美元將會長期貶值；

2. 經濟的結構性原因令經濟增長難以加速；

3. 聯儲局的金融政策措拖已黔驢技窮，貨幣政策已起不了提振經濟的作用；

4. 貧富差距擴闊導致國內分裂情緒惡化，嚴重影響社會穩定發展，及

5. 國際市場正在加緊推動「去美元化」，尤其以OPEC、中、俄、印等帶頭開展非美元的石油貿易，對美元地位打擊為大。

提升美債需求自救

面對這些困難，美國當然不會坐以待斃，並已經作出強烈的反擊。

對內，在應對分裂問題方面，美國已開展了還富於民的政策，一方面通過加大財政開支，甚至以直接派錢和免除債務責任的方式，提升居民財富，另一方面，企圖對資本家開徵新稅來彌補財政負擔，例如近年熱議的回購稅、富人稅和增加企業稅等；在應對經濟結構方面，美國政府正推動智慧城市的發展方向，企圖以科技建設解決國內高科技低基建的問題，來為經濟注入新動力，並同時推動本土製造，來強化本地就業和消費動力。

對外，以強勢美元的方式企圖觸發海外出現經濟危機，令海外出現資金短缺情況，將促使市場轉持美元、增持美債的誘因，一來鞏固美元作為避險貨幣的角色，二來提高美債的需求，令美國政府可以在不靠聯儲局包底的情況下，成功發債應付赤字開銷。強美元會直接導致歐洲大陸出現嚴重滯脹，情況比亞洲地區更差，以此來打擊試圖另立交易體系的英歐諸國。在應對中俄等社會主義勢力方面，明顯是重複70年代的方式，以經濟金融圍堵和援歐拉長俄烏戰期的方式，削弱中俄在國際舞台上的應召力，以此化解去美元化的趨勢；在應對中國在經濟地位上威脅，則以限制貿易和科技出口等方式拖後中國發展。明顯地，美國正努力把自己成為更多商品及技術的主宰，讓自己保持霸權地位。

正如被譽為自由主義之父的洛克（John Locke）在《論降低利率和提高貨幣價值的後果》（*Some Considerations of the Consequences of the Lowering of Interest and Raising the Value of Money*）中指出：「如果你入不敷支的情況令自然使用利率提高得過高，致使你的商人不能靠其勞動生活，但你的富裕鄰國又以廉價售貨給你，致你所得到的回報，不足支付利息及維持生計，你的商貿必受創。要從這種逆境振興別無他途，為靠普遍的節約和勤奮；或透過成為某些商品貿易的主宰，那是在世界上必須由你按你的利率來提供的商品，從別處是得不到供應的。」

這是世界歷史上未曾出現過的情況，後續的發展會變成怎樣將很大程度將取決於各國去美元化的決心。若各國願意忍受短期失去美國市場而帶來的損失，互相加強非美元貨幣的信任和提升域內甚至跨域的貿易和金融互融，甚至互相以對方的貨幣進行發債，這將能夠最大限度減少受到美國制裁或因美國收水而造成的經濟危機。當市場未出現一種新的、交易成本更低、受廣泛認受及信任的貨幣前，考慮到現時世界各個區域自行發展的跨境貿易支付方案，替代美元霸權的，會否是一群廣泛的非傳統貨幣如果成事的話，相比可能有某一國的貨幣冒起成為新霸權，未來各國貨幣的話語權將更趨平衡。

2.6 乘美元衰落 各國爭貨幣話語權

現代工業發展經歷了機械、電力和電腦資訊年代，並正踏進新穎得抓不著邊際的智能虛擬年代，貨幣的發展也很類似，從以商品本身作為交易媒介，進化至商品本位制，然後來到靠信心撐起的法定貨幣時代。

社會愈進步，價值便愈顯得虛無縹緲，市場對貨幣的信心便更容易動搖。IMF的數據顯示，截至2022年第一季度，全球債務總額已升至破紀錄的305萬億美元，是全球GDP總量約85萬億美元的2.6倍。這種以債務堆砌而成的繁榮將難以持續，並將換來一段長時間的經濟低迷。

首當其衝除了是財政能力仍然相對薄弱的新興市場國家，還有那些沒有本位貨幣地位，但倚仗法定貨幣所提供的便利，弄得揮霍無度、債台高築的成熟市場國家，推行高福利制度的歐洲國家便是最明顯的例子。如果不是因為歐盟的組成分攤了成員國的違約風險，相信歐洲大陸會是一個破產成風的地方。

英國難複製美元模式

曾經以保守見稱的英國,似乎已率先踏上法定貨幣體制衰落之路。
就像很多其他成熟國家的情況一樣,英國正面對高通脹、高息率、
經濟收縮風險,當卓慧思(Liz Truss)於2022年9月當選英國首
相時,意圖推動該國50年來最激進的減稅方案以圖解決生活質素
危機,在國家債務佔GDP接近100%和雙赤字(財政赤字及貿易
赤字)的形勢下,觸發了市場出現「減稅恐慌」,投資者擔心這將
進一步推高當地通脹和政府債務,即使央行加息也無法抵消通脹
問題。市場形容英國政府的財政及減稅方案為無資金支援的減稅
(unfunded tax cut)。

有「末日博士」之稱的紐約大學經濟學教授魯賓尼(Nouriel
Roubini)以及瑞穗證券(Mizuho Securities)全球宏觀策略交易
主管Peter Chatwell先後警告英國將因為債務負擔和經濟低迷,
將會淪落到要IMF救助之路。市場對英國前景的悲觀看法,也反
映到英鎊的走勢上,單是9月份英鎊兌美元匯價曾最多跌超10%
並跌至1英鎊兌1.035美元的歷史新低,包括前美國財長Summers
等重量級經濟達人預測英鎊兌美元將跌穿平價。最後在輿論壓力
下,卓慧思拜相僅45天便宣布辭職。

西方國家以增發貨幣解決經濟問題成癮,令貨幣政策對經濟調節能
力失效,但由此而引發了無法控制的高通脹景況令央行不得不在經
濟低迷的環境下加息。一次又一次利用增發貨幣來解決經濟問題的

方式已經失效，資本市場及央行都明白貨幣工具已幾乎沒有任何成效，市場對央行的信任已跌至谷底。英國出現危機只是因為貨幣地位較弱的緣故，令其無法複製美國把危機向外轉介的解決方案。當赤字預算和國家債務的增幅都要高於經濟增長預期，國家出現債務危機的時間也愈來愈近，由信心堆砌的法定貨幣體系模式將會潰不成軍。

國際貨幣體系是一個伴隨著國家興衰及國際關係演化的動態過程，引導這個進程的因素主要是作為交易媒介所衍生的邊際成本和受世界潮流所牽引的認受性。資本主義從荷蘭盾的輝煌年代過渡至日不落帝國的英鎊，然後在美元體制呈現極致。國家從保守的財政管治到發展出提倡不理會財政赤字的現代貨幣理論，美國帶頭展示出如何能夠以零成本創造社會財富，令政府以至個人培養出無節制消費的習慣，最後卻由全球埋單。

地域性本幣貿易將持續增加

這種結果指示出，資本主義所造成的社會問題正對社會正常運作和政府的調度功能出現強力擠壓，已處於需要作出變革的邊緣。而且，美元霸權證明了以單一國家主權貨幣作為國際貨幣職能，衍生出國家與國家之間的嚴重利益失衡，任何本位貨幣國家都將會出現內視性的政策取向，而且，在資本主義框架下實踐本土利益優先也

會被合理化，從而引發國際貨幣功能失靈，並嚴重損害了全球自由市場的調節機制，反而窒礙了社會進步。

這種局面對非本位貨幣國家而言早已成為共識，並自2008年金融海嘯後一直為改變鋪排部署，各國都正在尋求更公平反映價值的貿易和金融定價方式。在這個過程中，世界正分裂成擁有不同分量的「金融話語權」、「製造話語權」、「技術話語權」和「天然資源話語權」的勢力（詳見第四章解說）。在世界發展興起「逆全球化」和「去中心化」的背景下，可以預見將會地域性的本幣貿易和融資金額將會持續上升，非本位貨幣國家將會在仍然承認美元作為全球貨幣錨地位的情況下，積極推動多元化貨幣貿易和多元化儲備資產配置。就像IMF官員Gita Gopinath所作的預測：「如果美元主導地位終結，打敗美元的可能不是美元的主要競爭對手，而是一群廣泛的替代貨幣。」

無論是哪一種新模式世界貨幣系統出現，都將經歷一段探索時間和過渡期，在這期間，各國為了更確定自己對天然資源的支配和貨源的穩定性，將會有更大動機增加商品儲備，因為在贏得這場貨幣博奕前，最起碼要能夠確保自己的生存空間，盡量減低金融市場動蕩對實體經濟的影響，最明顯是各國持續增加黃金和石油儲備，這種趨勢會在可見的將來持續進行，甚至蔓延至其他重點貴價金屬和糧食商品。

第 3 部

量寬後遺擴大
資產難升值

偏袒的評級制度
掩飾問題經濟

合約或契約，是一個有數千年歷史的概念。雙方在自由、平等、守信的原則下，有共識地達成的一種契約，並按契約內容信守約定。契約訂明了雙方的權利與義務，履行契約是雙方的必然義務。契約精神是文明社會的基石，在市場經濟社會中促進貿易發展，為法治社會奠定經濟基礎。由契約概念衍生的信用，是指履行合約的信用和能力。信用的形式也隨著時代發展，例如商業信用、銀行信用、金融信用、國家信用、消費信用等。基於自由、平等、守信的原則，無論定立契約的是個人、機構或是政府，也有履行的責任。

在20世紀初期，信貸評級在美國誕生。美國著名的三大信貸評級機構之一穆迪（Moody's），創辦人穆迪（John Moody）於1908年首創為當時的鐵路債券進行評級。後來陸續增加對各式各樣對象和金融產品的信用評級。簡單而言，評級對象的財務狀況愈穩健、還款紀錄愈好、未來運營收入愈可靠，便會獲得更高的信用評分、愈容易在市場籌集資金，和享受較低的融資成本。今天的金融體系，市場也會依賴信用評級機構對金融產品的評級來衡量風險水平。

誰可評斷評級機構信用度？

不過，當評級機構為金融產品作信用評估時，又有誰來評定評級機構的信用度呢？電影《沽注一擲》（*The Big Short*）把2008年金融海嘯時評級機構在評估金融產品風險時的利益衝突，寫實地呈現在銀幕上。要獲得它們的信用評級，發行人是需要付費的，若評估出來的級別不理想，大可以找其他評級機構，重賞之下，必有勇夫。而且，現代金融理論所採用的風險概念下，風險能夠被分散，而被分散了的風險就相等於是低風險了；基於這種概念，令金融海嘯臨發生的前一刻，很多欠缺還款能力的次級房貸，因為被打包成一籃子的投資產品而獲得A級或以上的高投資級別。這起事件當然引來政府及公眾對評級機構的嚴厲批評，國會更專門為此事立案調查，雖然到最後沒有誰受到懲罰。

不過，電影沒有講到後續對世界貨幣體系更震撼的大事——2011年4月18日，標準普爾（Standard & Poor's）對美國的AAA最高信用評級發表負面前景意見，認為美國的財政赤字和債務水平分別達到GDP的11%和80%，將需要花很大努力才能取得收支平衡；穆迪也在6月跟隨發表負面建議。2011年7月16日，標普正式把美國的信用評級從AAA下調至AA+。

對於國家被降級這事，即時惹來美國政府的強烈反彈，當時的奧巴馬總統辦公室幾乎同一時間發聲明批評標普降級的決定；共和民主兩黨鮮有意見一致地批鬥信用評級機構；兩星期後，聯儲局宣布對標普展開調查，及後美國政府批評評級機構沒有採取中立和可靠的

評估方法。當評級機構實實在在以財務角度將美國降級時，卻惹來美國政府全面反擊。完全是因為若美國信用評級被降，顯示出美元不再是「完美的」信用貨幣，那麼以美元主導的世界貨幣體系將會被動搖。

美元指數的成分組合與美國佔全球的經濟總量和貿易量的不匹配，顯示了美國政府及聯儲局對美元匯價的操縱。而在美國對評級機構的控制上，則顯示了美國政府對現行世界最普遍採用的信用評級制度也有絕對的操縱能力。

美評級機構地位由政府賦予

美國對評級機構的操縱起源於1975年。當年，美國證券交易委員會對評級機構實行認證制度——「全國認定的評級組織」（Nationally Recognized Statistical Rating Organization, NRSRO）。在這制度下，美國認可的信用評級機構，除了穆迪外，只有標準普爾及惠譽（Fitch）3家，同時要求外國籌資者在美國金融市場融資必須接受NRSRO評估，確立了這三大評級機構的壟斷地位。既然三大評級機構的市場地位是由美國政府所賦予，那麼美國政府對它們有絕對的影響力就自然不過了。

2008年金融海嘯引發了全球市場對美國債務評級的疑慮，但隨後一段時間，被連環降級的卻是希臘等歐洲國家，並導致了2009年的希臘主權債務危機和後來更大規模、威脅到歐元體系的歐債危

機。歐洲有自身的體系及債務問題，但無可否認，歐債危機的出現完美地轉移了美國當時正面對的主權風險，而當時三大評級機構及輿論分別對美國及歐洲的評級態度卻截然不同。就像美國國會曾對評級機構訓話一樣，時任歐盟委員會負責內部市場與服務委員的 Michel Barnier 曾警告國際信用評級機構要「謹言慎行」，但歐盟的影響力如同虛設。

當美國的主權信用危機解除後，國際評級機構對歐洲又稍為客氣了，歐洲所受到的對待又與美國接近了。

華債務規模比美低　評級卻有差異

比較一下 IMF 的資料，2020 年美國的債務佔 GDP 比率高達134.24%，赤字佔 GDP 比率為 14.49%，分別獲得的信用級別為：穆迪 Aaa、標普 AA+、FITCH AAA。作為全球第二大經濟體的中國的情況又如何？中國債務佔 GDP 比率 68.06%，赤字佔 GDP比率為 10.69%，分別獲得的信用級別為：穆迪 A1、標普 A+、FITCH A+。中國的債務水平和赤字都較美國低、經濟規模具可比性，但兩者的評級卻相差四至五級。

香港情況又如何？債務佔 GDP 比率 2.14%，赤字佔 GDP 比率為0.17%，分別獲得的信用級別為：穆迪 Aa3、標普 AA+、FITCHAA-。債務及赤字水平非常低的香港所獲得的評級較中國高一個級

別，但比美國也低一至三個級別。你可能會認為，因為香港的規模細，受到經濟衝擊的影響較大，所以級別較低。好，就看一下曾經在 2008 年金融海嘯破產的冰島，債務佔 GDP 比率 77.41%，赤字佔 GDP 比率為 8.9%，分別獲得的信用級別為：穆迪 A2、標普 A、FITCH　A。

從這幾個例子比較，似乎雖然三家都有偏頗西方國家的情況，標普則相對中立。類似的情況也同樣出現於亞洲國家，這就好像即使今天不少西方國家的財務狀況都比亞洲國家差，但市場都會傾向認為西方國家等於「成熟國家」、「先進國家」、「發達國家」，而其他非成熟國都被認定為不先進不發達的形象。

圖表 3.1　美國、中國、香港及冰島 2020 年債務及赤字分別佔 GDP 比率

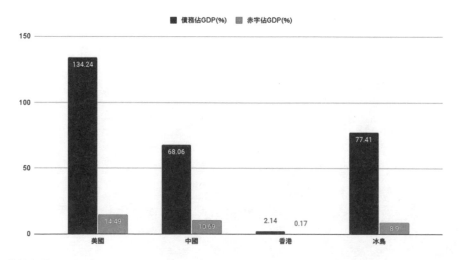

資料來源：IMF

圖表3.2　三大評級機構於給予美國、中國、香港及冰島的主權評級

穆迪		標準普爾		惠譽	
Aaa	🇺🇸	AAA		AAA	🇺🇸
Aa1		AA+	🇺🇸 🇭🇰	AA+	
Aa2		AA		AA	
Aa3	🇭🇰	AA-		AA-	🇭🇰
A1	★彡	A＋	★彡	A+	★彡
A2	✚	A	✚	A	✚
A3		A-		A-	

註：只列出各機構的A級排名，截至2020年
資料來源：穆迪、標準普爾及惠譽報告

「免除債務」操作　境外美元用家埋單

除了這些在行政層面上對信用制度扭曲，美國政府在金融政策上也一直扭曲市場信用制度的運作。聯儲局從成立以來多次赦免私人銀行的償債責任、通過量化寬鬆的方式大量從金融機構買入垃圾資產、不斷以通脹的方式容許美國政府的債務及赤字無節制膨脹，而在加碼量化寬鬆時，更大舉購入購買垃圾級別的中小型企業債券，人為地令低信用度的企業，能夠以比一般人以更低的成本獲得資

金，造就了殭屍企業的出現。最基本的會計等式概念，當把私人市場的債務轉移為公共資產，公共債務也會相應地增加，若這些殭屍資產沒有盈利能力，不能為公共財政增加收入，最終會成為不停滾大的社會成本。這些社會成本可能會以通脹的方式呈現，或者以財政預算赤字的方式呈現，甚至是兩種方式都有。

這種通過赦免債務而增加私人市場財富的行為，被赦免債務的範圍愈來愈闊，從政府到金融機構再到一般企業，可以肯定將會進一步蔓延至個人。因為多年來通過免除銀行和私人企業的債務，令資本家積累的財富遠超一般市民，擴大貧富差距造成了社會分化和民粹等社會問題。從特朗普政府的「直升機派錢」，到後來拜登政府免除學生貸款，都是以赦免債務作為增加私人財富的模式。所有這些被免除的債務都會轉化為社會成本時，從政府到企到個人都不為此負責，那麼由誰來支付這些社會成本？當然是正在使用美元的外國人了。有策略地控制美元的供應，便能夠把全球財富轉移至美國戶口。

免除債務這種操作，除了產生不公，也會擾亂了市場的定價模式，令風險回報不匹配，也人為干擾了自由市場的自然調節，令市場效率下降，在另一個層面上增加了社會成本。由於風險回報不匹配，資本家不需冒較大的風險也可從社會中取得回報及增加財富，令私人市場的投資意欲下降，研發開支的增長緩慢，長遠拖低了社會整體的生產效率，而這種生產效率停滯的現象在量化寬鬆出現後更顯嚴重。

風險回報被扭曲的狀況不單止在私人市場發生,因為帶頭扭曲的是美債市場。在信用制度下,入不敷支會使自然使用利率上升,債務人要支付更高利息來獲得資金。但事實是,當美國的債務及赤字水平愈高,聯儲局則會降低利率來配合,而美國所需要支付的利息則愈低。

 ## 扭曲的金融市場
均衡投資失效

資本市場環環相扣,外匯及債券市場都被扭曲,股票市場不會例外。自2008年以來的量寬時代,股票市場的估值和投資方式發生了重大變化。

在過去,投資市場一直認為按市場狀況,均衡地調整股票和債券投資組合,是一個長遠可以降低風險、提升回報的投資方式;而衡量市場狀況的方法,是比較股票市場與債券市場之間的回報率差距。但在量寬後,零成本的資金加上海量的流動性,拖低了資本市場的投資回報預期,但現金在股票市場的購買力正急速下降,令投資者從追求紅利和回報率,轉向追求更高的預測投資報酬增長率。

這種局面,導致市場更願意以市盈率買入認為會有高增長的企業,即使未有盈利甚至仍處於虧損狀態也沒所謂,預期增長成為了唯一衡量股價的指標。雖然低息環境令整個美國股市大升,但風光的反面是,有一堆高淨值、低負債、但只有低盈利增長的公司,它們的估值水平大幅低於市場平均水平,甚至股價對比資產淨值長期出現大折讓。

資本市場如實地反映通脹社會的情況，勤勞節儉的存款人在通脹環境下往往是最吃虧和被剝削的，而財務政策保守、業務穩定、安分和派息的企業，也受到資本市場的懲罰。

60/40股債組合表現轉差

另一方面，當市場仍在為超低息及量寬環境慶祝時，股市債市都在賺錢，沒有人對被扭曲的市場作出控訴，就如同在狂歡派對中，根本不會有人認為嗑藥或醉酒有甚麼問題。但當音樂要停了，大家要被迫回到現實，便會猛然發現興奮過後的後遺症非常痛苦。超低息及量寬環境要結束時，股票和債券之間的對沖關係也同樣失效，造成股債雙跌。

其中一個顯示市場被扭曲的情況是，傳統被證明有效為投資者製造穩定利潤的60/40平衡投資組合已經失靈。

因為利率和資產價格是逆向的關係，股票和債券的表現通常呈相反走勢，兩者此消彼長。「60/40平衡投資組合」，亦即是將60%資金放在股票作資本增值，40%資金放在債券作收益和降低潛在風險，在跌市時為投資者提供一定的保護。

圖表 3.3　60/40 平衡投資組合與美股跌幅表現表較

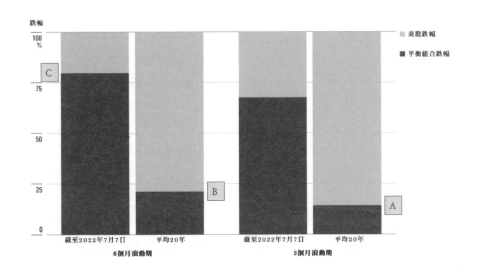

資料來源：投資及評級研究機構晨星公司（Morningstar）

但這種平衡型的投資策略在 2022 年卻明顯失效。圖表 3.3 是投資及評級研究機構晨星（Morning Star）的研究，在過去 20 年，截至 2022 年第二季的 3 個月滾動期，晨星美國平衡型股債混合的跌幅，僅佔美國股市跌幅的 14.2%（見圖表 3.2 標示 A 深色棒）；而 6 個月滾動期的跌幅，僅佔美國股市跌幅的 20%（見圖表 3.2 標示 B 深色棒）。反映 60/40 股債混合組合，在過去 20 年成功避免了股市逾八成的跌幅。

但僅在 2022 年 7 月 7 日的 6 個月期間，晨星美國平衡型股債混合的

跌幅，卻佔美股跌幅達79.7%（見圖表3.2標示C深色棒），這反映在過去20年60/40平衡投資組合能夠在跌市時有效抵消接近八成的股市跌幅，但在2022年效果卻只有兩成。利用60/40的策略作資產配置沒有起到防守作用，錄得的負回報與美股跌幅接近。

一般情況下，股與債的相關性為零，兩者走勢均是獨立的，這才達致對沖及分散風險的效果，不過，巴克萊銀行（Barclays）的研究報告顯示，2022年，美、歐、日的股債，以及其他多項重要貨幣和商品走勢的相關性升至2005年以來的最高水平，是歷史平均值的4倍，反映利用股與債達得分散風險的效益大減，認為是過度緊縮的金融政策和經濟放緩同時出垷的原因。

這種嚴重被扭曲的市場表現，在過去10多年營造了非常容易獲利的投資環境，但也令到分散資產以減低風險的投資方法更難有效實施。

量寬令股票市值虛漲

大量的貨幣發行，引致資產價格率先通脹，最先有反應的是流通性最高的股市。若經濟的名義價值是貨幣發行與產出的總和，那麼，撇除市場心埋的考慮，股市的市值則會是貨幣發行與企業產出的總和。由於名義經濟的總量/產出總量與銷售的關係較大，而且市銷率的走勢與聯儲局資產負債表的走勢也很相似，從市盈率的變化可以觀察到貨幣發行引致的股市通脹。

量化寬鬆出現前，美國標準普爾500指數有很長一段時間的市銷率（Price to Sale Ratio）介乎0.8倍至2.0倍，市銷率為估值指標，數字愈低反映投資價值愈大，兩倍已算是高峰，顯示市場的估值已經很高。但量化寬鬆出現後，隨著量寬規模的增長，市銷率的平均值持續被拉高。在疫情後，聯儲局在短時間內把量化寬鬆規模倍增，市銷率迅即突破兩倍，在2020年以後，標準普爾500指數的市銷率高企在兩倍以上已成為常態。

圖表 3.4　S&P 500 市銷率（2000年至2022年12月）

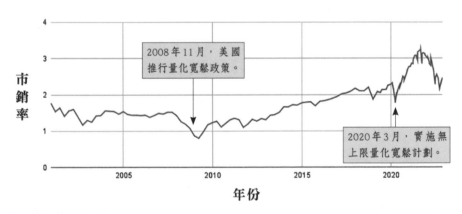

資料來源：Nasdaq Data Link

日本股市也有類似的情況，自日本央行在2010年開始購買日本股票ETF以後，尤其是2020年日本央行行長黑田東彥把購買ETF的規模大幅增加一倍後，日經指數及東證指數的市銷率也明顯上升。

按這個方法推算，2022年6月聯儲局宣布在未來兩年進行兩萬億美元的量化緊縮措施，當時我已作出預測：參考近年標準普爾指數市銷率與聯儲局資產負債表的走勢，收水兩萬億的效果應該遠遠未夠令市銷率回落至兩倍以下。若加上考慮近期的加息幅度，市銷率較可能介乎2.0倍至2.6倍。按2022年的銷售額計數，標準普爾500指數的預測介乎3,200至4,200點。

通脹高、市盈率降股票價值難升

通脹環境下,投資者的直線思維是,要尋求回報率及報酬增長率比通脹更快的投資標的,從而能夠避免資金的實際損耗(被通脹蠶蝕),此所以有意見認為在高通脹期間,更要長期投資股票的原因。套用巴菲特的說話,投資於穩健的企業,能夠確保你在社會的總產出佔比有增無減,美國沃頓商學院(Wharton School)教授西格爾(Jeremy Siegel)亦有類似概念,他曾於2022年11月批評聯儲局不停加息,將導致美國經濟衰退。但事情的另一面是,在高通脹下,因為製造及經營成本上升,企業利潤率將會下降,從而令估值大打折扣,整體市場的估值水平將會下降。

這就像一個雞與雞蛋的問題。如果投資股票可以避免被通脹蠶蝕,那就應該買股票了;但低回報率會令估值水平下降,股價會下跌,那就不要買股票了。這到底是買還是不買呢?

在看歷史數據前,這個問題其實頗視乎你對投資的看法。如果你像巴菲特般,從總社會產出的佔比來衡量,股價高低都只是帳面的事,升跌與自己無關,那麼,只要股價合乎你理想或預期的合理長

期回報率，你便應該在高通脹環境時買股票。自2022年3月美國股市出現約兩成跌幅後，巴菲特就身體力行地增持股票組合，把現金水平降至近幾年的低位。但如果你認為投資是通過炒賣股價升跌而致富的途徑，那當然就要趁高通脹來臨之始盡早避開股市，及時離去。

不過，亦因為這個如何看待投資的觀點差異，令巴菲特相對一般投資者（包括基金經理）有先天的優秀。因為最終決定社會財富水平的，不是股價，而是社會產出。就好像巴菲特所言，即使股市突然關門大吉，對他也沒甚麼影響。因為巴菲特擁有足夠多、廣泛的業務和現金流令他立於不敗之地。用香港首富李嘉誠做例子，若香港股票市場停運，他仍然可靠港燈及超市等業務獲取利益。

通脹和股票價值的關係

至於關於通脹和股票價值的關係，以下利用幾條財務算式來理解。

衡量股票價值的普遍方法包括估值倍數（multiples）和現金流折現模型（DCF），這兩種方法的算式如下：

1) 股價 Price ＝ 盈利 Earnings X 倍數 Multiple

2) 股價 Price ＝ 未來現金流 CF(t) X $\dfrac{增長\ G}{折現率因數(1+r)^t}$

長期而言，企業的現金流等於盈利總和，把這兩條公式調動後就會
變成這樣：

$$倍數\ Multiple\ =\ \frac{增長\ G}{折現率因數\ (1+r)^t}$$

所以，當增長率（G）上升，估值倍數（multiple）也會上升，換
句話說，市盈率（PE）與增長率（G）呈正向關係； 折現率因數
（(1+r)^t）上升，估值倍數（multiple）下跌，市盈率（PE）與折現
折現率因數（(1+r)^t）呈反向關係。

圖表 3.5　美國標普 500 指數市盈率與盈利增長率
（1989 年至 2021 年）

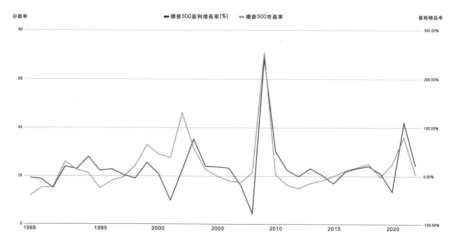

資料來源：https://www.multpl.com 及 US Inflation Calculator

圖表 3.6　美國標普 500 指數市盈率與平均通脹走勢
（1914 年至 2022 年）

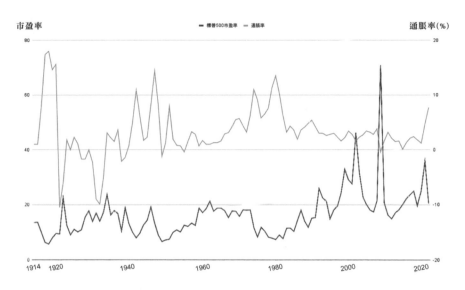

註：2022 年 12 月數值為截至 12 月 9 日數字
資料來源：https://www.multpl.com 及 US Inflation Calculator

圖表 3.5 顯示，1989 年至 2021 年間，標準普爾 500 指數的市盈率與盈利增長率的相關系數（correlation）大約是 0.736，而圖表 3.6 顯示的，是 1914 年至 2021 年間市盈率與通脹的相關系數（correlation）大約是負 0.267，通脹愈高，市盈率就愈低。這兩組關係，似乎能夠證明市盈率與增長率呈正比，與通脹呈反比，而通脹正是決定折現率高低的重要組成部分。

用2010年至2021年的數據套用到公式裏，這段期間的標準普爾500指數的平均盈利增長率（G）是16%，平均通脹（R）是1.97%，計算出來這段期間的名義市盈率是27.56倍。若同樣以16%的增長率，但把R改用10年期美債利率的低位約1.5%，計算出來的名義市盈率是30.34倍。進一步嘗些改用同時期的幾何平均數計算，增長率是12%，通脹是1.97%，得出的名義市盈率是19.92倍。

事實證明，以上推算的名義市盈率距離真實的平均水平很接近。在2010年至2022年在這12年間（見圖表3.5），標準普爾500指數的的歷史市盈率介乎14.87倍至35.96倍，平均值是21.38倍。

若當通脹上升，結果又會如何呢？這就涉及到一些預測和假設，例如未來盈利增長率等。先假設未來12年標準普爾500指數的平均盈利增長率保持在mean=16%、Geometric mean=12%。另外，假設10年期債息是2.8%、長期通脹是5.0%，套用到公式所計算出來的名義市盈率分別為：

1. G = 16%；r = 2.8% >> 名義市盈率 = 15.11倍

2. G = 16%；r = 5% >> 名義市盈率 = 7.46倍

3. G = 12%；r = 2.8% >> 名義市盈率 = 9.92倍

4. G = 12%；r = 5% >> 名義市盈率 = 4.90倍

這4個假設，相對於目前S&P 500市盈率約20倍，有25%至75%跌幅。

再試用另一條財務算式：永續成長公式計算（CF/r-g）採用更長時期1989年至2021年盈利增長率Geometric mean 6.64%（g），平均股東回報率10.5% 加上聯儲局的目標通脹率2%為預期回報率（r），計算出的名義市盈率是18.66倍，這個數字正正夾在Shiller PE的百年歷史平均16.94倍和1970年至今的Shiller PE平均值21.29倍之間（Shiller PE是耶魯大學教授羅伯席勒（Robert Shiller）提出的週期性調整市盈率（Cyclically-Adjusted Price-Earnings Ratio），亦簡稱CAPE，主要用枇評估未來10至20年投資股票可能帶來的回報）。將18.66這個數字再使用永續成長公式計算，但把通脹率增加至5%，計算出的名義市盈率則是11.29倍；若通脹率是4%，計算出的名義市盈率是12.72倍。這兩個計算數字與1914年至今的通脹與市盈率的模式非常接近：當通脹率接近或高於5%的年份，標準普爾500指數的市盈率較接近10倍水平。

執筆時的2022年9月，我曾計算過標準普爾500指數的市盈率大約是19倍，若未來通脹將維持在較高水平（4%至5%），除非美國企業的盈利增長水平將明顯高於6.64%，否則美股未來或會出現更深層的跌勢。

增長股效應結束
All in 美股風險高

河海的流向會因為地形變化而更改，在新的主流形成前，水流的動向將會在一段時間內出現更多不規則及隨機的騷動混亂。同樣道理，以美元為中心的世界貨幣體系受到挑戰時，全球各地都出現了大大小小以非美元計價的貿易方式，貨幣匯率、商品和投資產品的定價都會出現混亂和更大波動。這種定價混亂的呈現方式是，在美元地位受到挑戰時，美國將採取操控美元匯價的方式來營造美元強勢的印象，在以美元為錨的金融市場中，非本位貨幣及相關資產的定價，其實質經濟價值將會被嚴重低估。

即是說，非美元資產的經濟產出正遠遠超過其在金融市場的價值。而為了讓自己的貨品取得更合理的價格，以換取相應份量的資源，非本位貨幣的國家將會更多採用本幣促成交易，造成國際市場與區域市場的交易價格差距擴大。相應的，由價格而衍生的投資回報也會有很大出入。

雖然美國的經濟產出佔全球比率在下降，但在美元貨幣體系下，美元資產的金融價值卻上升。在這種局面下，投資者要被迫作出抉

擇，到底應以經濟產出作為衡量回報的準則，抑或以金融層面的數字變動為準。若依前者，在美元體系下，投資者將會面臨帳面損失，但其所佔有的經濟產出份額卻會上升；若依後者，投資者的帳面是升值了，但其所佔有的經濟產出份額卻下跌。

再沒有絕對的避險資產

另外，由貨幣體系動盪衍生的不確定因素上升，對任何範疇的投資者而言，都意味著需要承擔更大的潛在風險，這將會促使投資者以更保守的方式計算投資價值，以及要求更高的預期收益，令任何提供回報的資產估值都會被下調。

美元又是否合適的避險資產呢？在2022年的首9個月，美元指數上升了18%。但這種升值所顯示的只是因為聯儲局指導美元供應下降，並不是購買力或市場對美元的需求上升。面對高通脹，美國投資者的股權投資在金融市場的價格，將會因為高通脹而出現帳面損失，而投資於定息投資產品的損失可能更大，但持有美元現金的購買力卻正以8%甚至更高的速度下降。而且，考慮到美國的債務水平和持續上升的雙赤字，聯儲局在一段時間後也將要被迫重啟寬鬆政策，屆時美元匯率和購買力的跌勢將會更急，令持有美元現金的投資者面臨更重大損失。

所以，當下的局勢是，無論投資者持有的是美元或其他貨幣的現

金,或是任何種類的金融資產,甚至是房地產,都將不可避免地面臨貶值或更大的價格波動,世界上再沒有絕對的避險資產。

超低息環境造就增長股

在前面的章節,解釋了在超低息及量化寬鬆的環境下,由於預期回報下降,投資者對純粹高預期增長的投資目標的趨之若鶩。這種氛圍下,令市場曾經興起了高度集中於高增長股的投資策略,方舟投資(ARK Invest)創辦人Cathie Wood正在此時冒起,更被坊間追捧為女股神,而實業家孫正義也以其創辦的軟銀撬動槓桿大規模投資於高風險的初創科技公司。

當時投資市場出現一個信念,雖然初創科技公司的風險高,但任何成功個案都可能帶來逾百倍的回報,所以只要投資範圍及數量夠廣,也能創造非常理想的投資回報。這種典型分散投資組合的風險管理模式,曾在2008年曾經發生——市場把低級次貸打包成高信貸評級的投資產品,最後卻促成了金融海嘯。在10數年後的今天,市場再次把一大堆低收益高風險的初創企業,打包成「萬無一失」的投資組合。後來發生的是,軟銀出現史上最大虧損,需要大舉出售資產套現求存,而Cathie Wood則失去了女股神的光環,被傳媒戲謔為「木頭姐」,其管理的方舟基金出現贖回潮,基金價格從高位大跌75%。

被嚴重扭曲的美國金融市場，也影響到世界的另一面。香港股市在多層因素下，逐漸失去了自己的魅力，成交持續下降，恒生指數比10年前更低，香港股民只能感嘆港股已死，加上網上交易軟件的興起，降低了買賣美股的交易成本，令香港出現了轉投美股市場的熱潮。踏入2021年後，甚至有財經專家公開表態放棄香港市場，呼籲投資者轉投美股。也不知這些專家們自己有沒有身體力行，但似乎大家只看到美股不斷創新高的走勢，忘記了「過去表現不代表將來」這句投資金科玉律，忽略了美國市場本身的結構因素和這12年強勁回報所積累的風險。

圖表 3.7　恒生指數 2010 年至 2022 年表現

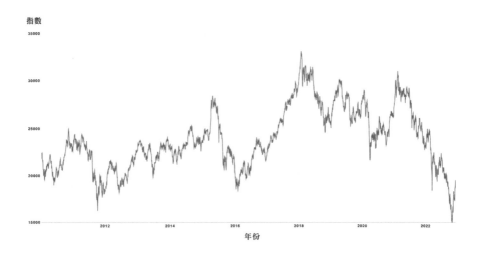

虛火推高估值　美股臨更大風險

長時間的低利率環境，令市場資金泛濫，資金流向投資者及資本家手中，他們便以此投資於金融資產，即使實體經濟的得益有限，甚至投資被壓制，但金融資產價格卻會因此膨脹，其中，美國股票市場成為最直接被灌水的地方。

歷史證明經濟及股市會跟隨特定的周期變化，雖然發生的事有所不同，但所有的周期，都會經歷相同的循環。所以，聰明的投資者會懂得定期衡量股市所處的周期位置。

其中，有兩個指標歷經時代考驗。第一個是股市總市值相對GDP比率，2001年巴菲特接受《財富》（*Fortune*）雜誌訪問時透露他也會使用這個比率衡量市場熱度，後來這個指標被稱為「巴菲特指標」（Buffett Indicator）。這個指標的公式很簡單，就是以美國的股市總市值除以GDP總值。長期而言，股市是反映實體經濟的秤，這個指標便可以衡量資金流入股市與實體經濟的差異，測量兩者不衡的程度，若較多資金流入股市，比率便會向上。若果巴菲特指標高達200%，顯示股市相比實體經濟吸收了太多資金，令估值出現嚴重灌水的情況。

圖表3.8　巴菲特指標不同階段所反映的市場處境

巴菲特指標	市場處境
＜ 50%	嚴重低估
50% - 75%	略為低估
75% - 100%	合理估值
100% - 115%	略為高估
＞ 115%	嚴重高估

巴菲特指標歷來的平均水平大約是90%，在2000年科網股熱潮時的高點超過150%，在2008年金融海嘯前的高點接近110%，而在2021年年底時一度觸及200%。當然，在金融海嘯發生後，聯儲局先後總共向市場灌入了超過9萬億美元，成為股市估值不斷走高的主要原因，但即使把聯儲局資產負債表的增長加入到算式當中（新算式為：股市總市值／（GDP+聯儲資產規模）），2021年底經調整的巴菲特指標的最高位仍然高達149.3%。圖表3.9為2002年至2022年的巴菲特指數，截至2022年12月8日，巴菲特指數（見淺綠色線）為151.8%，而新巴菲特指數（深綠色線）則為113.8%。

$$巴菲特指數 = \frac{股市總值}{GDP}$$

$$新巴菲特指數 = \frac{股市總值}{GDP+聯儲資產規模}$$

圖表 3.9　2002 年至 2022 年巴菲特指標

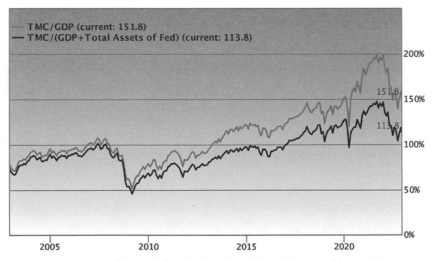

資料來源：GuruFocus

第二個指標就是週期性調整市盈率（Cyclically-Adjusted Price-Earnings Ratio），即簡稱 CAPE 或 Shiller PE。它就只是一個以長年期（一般用 10 年期）計算的市盈率，以股價除以 10 年收益的

平均值，並根據通貨膨脹稍加調整，上一章曾提過Shiller PE可用來評估未來10至20年投資股票可能帶來的回報。創建這指標的席勒教授正是憑這個算式在2013年諾貝爾經濟學獎，以表彰他在資產價格實證分析方面的成就。

圖表3.10　2002年至2022年間之CAPE

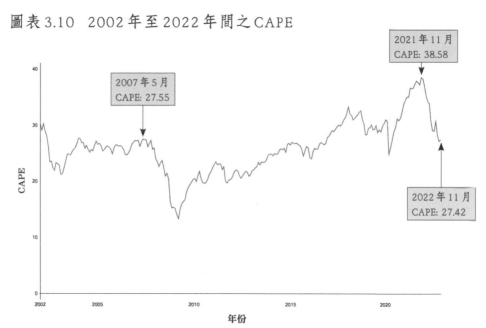

註：數據截至2022年11月

資料來源：席勒教授於耶魯大學經濟系的數據網站（http://www.econ.yale.edu/~shiller/data.htm）

美股的CAPE在1929年的高位是32.56倍，2000年的高位是44.3倍。從圖表3.8所見，2007年一度高見27.55倍，而2021年的高位是38.58倍，是歷史上第二高。從美股140年的歷史數據顯示，如

果在CAPE超過24倍時投資，長期投資年平均回報是負10%，可想而知，當CAPE達到38倍時，投資者將會面臨多大的潛在虧損。

美國股市的過熱狀況是如此明顯，但所謂投資專家卻選擇無視估值被嚴重高估的市場水平，這是因為美國股市早於2017年已經達到了估值偏高的水平，但升勢卻沒有因此中斷，反而在2020年疫情後，在聯儲局的推波助瀾下累創新高，令投資者產生了買美股必贏的信心。

股市比經濟走勢超前

股市的長期表現反映經濟實力，所以，從長期趨勢上，股市的年均回報率、企業的股東回報率和經濟的年均增長率應該大致相若。比較歷史數據，標準普爾500指數的年均回報率大約是10.2%，美國企業的平均股東回報率大約是12.2%，而美國的名義經濟年度化增長率約6%。

股市的年均回報率較名義經濟的年度化增長高，反映出在過去一百年間，股本回報與高於債權回報，另外，資本階級累積財富的速度，遠高於社會的平均增值水平，形成今日愈趨嚴重的貧富差距。

就像德國股神科斯托蘭尼（Andr Kostolany）所形容，經濟與股市就像主人與狗的關係，有時狗會走在主人前面，有時會落後，又

有時候會並肩而行。回顧美國股市歷史，雖然有大大小小的波浪，但自1929年以來可以歸納成4個超級週期。

第一個週期是1920年代至1950年代，經歷大蕭條後，股市在1932年觸底，然後用了接近25年時間才重回1929年高位。股市停滯了20多年時間，但在這期間，美國經濟的年均GDP增長接近雙位數，為下一個上升週期埋下種子。

第二個週期發生在1950年代至1970年代，美國股市從停滯的20年中儲存了力量，又展開了接近20年的升勢。直至70年代初，經濟出現衰退及滯脹，美股又再墮入了10多年的熊市。而有趣的是，在這10多年熊市期間，美國實質國內生產總值上升了五成。

第三個週期則發生在90年代至2000年科網股爆破期間。美國實質國內生產總值在這期間累積增長了1.6倍，而同期股市累積升幅則達到230%。不過，踏入了2000年至2021年的第四個週期，這21年間，美國實質國內生產總值只累計增長了五成，而美股在2021年的高位比2000的高位則上升了超過兩倍，與之前的週期大相逕庭。

每一次當狗（股市）比主人（實質經濟）跑得嚴重超前時，顯示情況已經失控了，一隻不聽指令的狗很可能會落得兩個下場，不是自己走失流落街頭，便是受到主人的責罰。

這4個大週期也顯示出，美國經濟年化增長率從百年前接近雙位數的增長，持續放慢到近年只有低單位數的增幅；但股市的升幅卻比前更加迅猛。這顯示資本主義已經發揮到極致了嗎？愈少的經濟投入，卻能創造愈大的市場價值。懂得遵從歷史的投資者會明白，任何事情到達極致往往表示它正在崩壞，美國股市也似乎要步入第五個大週期的循環了。

融資成本上升　倒閉潮將現

美股延續了10多年的升勢、企業盈利能持續增長10多年，靠的是接近零成本的資金，令大型企業可以不斷回購股份，殭屍企業則能夠苟延殘喘。美國上市公司的高雙位數盈利增長也有很大程度得益於美元匯價下跌、屢創新高的股份回購、股市12年牛市而帶來的投資收益和超低息環境下造就套利機會。可以預想到，當超低息環境結束，美國企業的回購活動、套利活動會減少、因為升息帶來的美元匯率上升，亦令到企業的海外收入增長放緩，美國經濟將進入長期停滯甚至收縮的階段。

踏入2022年，美國企業的舒適環境已經徹底改變。高通脹令企業成本上升，具競爭力的企業還可能通過加價把成本轉嫁予客戶，但競爭力差的殭屍企業的成本壓力將會非常巨大。高通脹帶來高利率，令殭屍企業要同時面對營運成本及融資成本上升，令僅餘幾個百分點的利潤率也消耗盡。

2021年7月，聯邦政府對殭屍企業的情況展開調查，主要按利息覆蓋率（interest coverage ratio）在1倍以下、近3年實質銷售負增長為準則，發現在2020年大約10%的美國上市公司和5%的私人公司可歸納為殭屍企業。

彭博對美國的殭屍企業的統計更加驚人，指出美國首三千大的上市公司中，大約兩成屬於殭屍企業，它們的總債務規模達到9,000億美元。在2022年9月前，美國已把利率從0至0.25%上調至超過3%，難以想像這些資產回報率中位數是負3.4%的上市殭屍企業在利息負擔再加重後還有多少生存空間，而且，隨著利率上升，利息覆蓋率跌至一倍以下的企業數量將會更多。

回購潮不再　高增長難續

2021年，美國企業的回購規模創下了1.2萬億美元的新紀錄，相當於大約2.5%的美股總市僅；雖然截至2022年8月，美國企業宣布了8,000億美元的股票回購計劃，令全年的回購金額有機會追平甚至超越2021年的水平，但隨著融資成本上升、市場資金減少、不明朗因素增加，加上拜登總統簽署的降通脹法案將會對企業回購收取1%稅率，有愈來愈多的企業已表示暫停回購計劃和決定保留更多現金。

不少投資者尋求有良好回購效率的美股，股份回購能夠推高股價上升的機制有兩方面，一是以回購提升公司股票的需求來拉高股價，

二是能夠提高上市公司的每股盈利和股東回報率來提升公司價值。對公司來說，雖然回購前後的經營狀況沒有分別，但因為回購後，流通股份減少，每股盈利將因此上升，所以，通過回購股份可以提升每股盈利的增長率，而且，回購後股本減少，進一步提升了股東回報率，對市場而言，增長率及股東回報率愈高的公司能獲得更高的估值倍數，從而令市值上升。

過去幾年，股份回購是美股買盤的最大來源之一，研究機構 Pavilion Global Market 在 2021 年曾指出，美股牛市有四成是回購因素帶動。若股份回購金額將從高位下降，將會拉低美股的盈利增長率，並因此只會獲得較低的估值倍數，令股價下跌。從標準普爾 500 指數成分股近 30 年的數據顯示，回購金額同比下降的年份出現過 9 次，而其中 6 次都伴隨著市值下跌的情況。

另一方面，上市公司積極通過發債集資來進行回購的行為，雖然能夠提升股東回報，也同時令企業的經營前景帶來風險。在容易獲得資金的日子以回購的方式把現金花掉，當經濟逆境來臨時便更難提升抵抗逆境的能力。

新一代投資實力減　資金無以為繼

千禧世代被喻為悲慘一代，邏輯上可以這樣理解：經濟潛力是人口、資源、生產效率和生活質素的提升，當人口增長在下降甚至收

縮、資源在減少、生產效率停滯不前,生活質素也因為貧富差距和其他社會問題而變差,在這種環境下出生的一代,很自然地比上一代更難獲得財富。事實上,在90年代出生的千禧世代是美國史上第一批財富累積較父母少的世代。

聯儲局經濟學家庫茲曾與同事對千禧世代的收入、負債、資產與開銷數據作深入分析,並與1965至1980年出生的X世代和1946至1964年出生的嬰兒潮世代的同齡階段作比較。數據顯示,即使千禧世代的教育程度是史上最高,但他們的生育率、收入水平、發展機會等都遠遜上兩代人,千禧世代的收入本身就低於嬰兒潮世代,據CNBC報導,千禧世代成年人的收入,要比嬰兒潮世代的成年人低20%。與此相對的是他們的負債卻較高,單計美國的學生貸款總額已超過1.75萬億美元,一名大學畢業生初出茅廬就已經要背負3萬多美元的債務。當中的原因是,現今的大學學位與上兩代人的中學學歷同樣重要,但大學學位的成本卻是中學的幾倍,令千禧世代在進入勞動市場前,已比自己的父母輩背負多幾倍的債務。

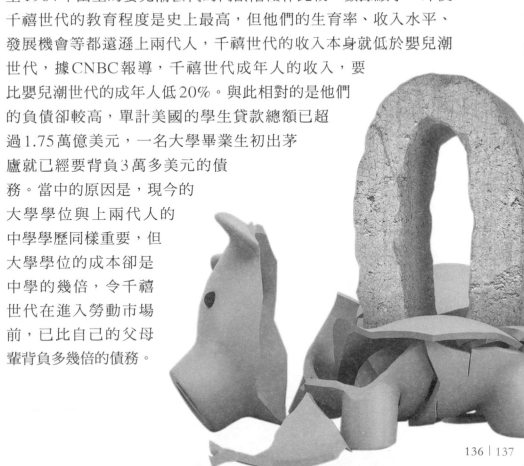

這是一條很簡單的加減數學，嬰兒潮世代在較早的年紀進入勞動市場，他們背負著能輕鬆處理的債務，並生活於一個經濟蓬勃發展的時間；他們能夠享受經濟增長得最快的階段、並擁有較多時間通過工作累積財富，而且，因為負債低而擁有較高的可分配收入。至於千禧世代，不單錯過了經濟增長得最風光的日子，他們在踏入社會第一刻起就要煩著還債，可分配收入比嬰兒潮低得多了。

嬰兒潮因為擁有較高的可分配收入，他們可以通過儲蓄和投資為自己準備退休生活，這也是美國的指數基金市場急速膨脹的原因之一，但千禧世代就沒有這麼幸運了，努力還清債務同時，他們還要承擔高昂得多的房租和生活費，自1985年至2020年間，美國人的平均收入增長了35%，但同期房租增加了149%，令租金佔收入比率上升一倍，可想而知這一代人可用作投資的資金將比上一代少得多，這對投資市場來說肯定不是甚麼好事。

而且，當嬰兒潮開始步入退休年齡，在沒有收入後，他們便要將投資在股票指數基金的資金，轉去較低風險的定息或現金基金，甚至要提取投資的資金來維持生活開銷。現在美國每日大約有一萬名嬰兒潮的人口年屆退休，這表示在未來一段長時間，將會每年有更多的資金從股票市場及債券市場被嬰兒潮提走。資本市場的資金正在逐漸被消耗，而新資金的投入速度卻大幅落後，在未來某一日，這肯定會擠破由債務及超發貨幣堆砌而成的經濟及股市泡沫。

在2000年至2022年間，美國的房租中位數再急升了90%，但同期的平均收入只增加了大約10%，即是說，在這短短兩年間租金收入比率又再一次倍升，這肯定會榨乾了他們的可支配收入和投資意欲。2019年，投資網站BankingRates做的研究顯示，在25至34歲研究對象中，當中43%完全沒有作任何股票、債券、房地產或其他投資。時隔3年後，由Ally Financial所做的調查顯示，大約有五分一的顧客已關閉了自己的投資戶口，其中佔比較多的正是千禧世代的一群。

圖表 3.11　美國 1985 年至 2020 年租金收入變幅

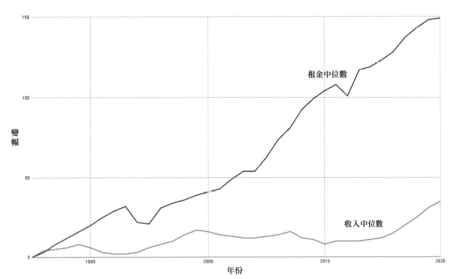

資料來源：Real Estate Witch

以上對美國股市的負面影響非同小可。我在2021年多次在專欄警告美股的「空中樓閣」遲早要重新面對現實，當實體經濟不能及時把聯儲局製造的泡沫給填充時，泡沫便將爆破。今次泡沫的爆破程度會去到多大，很大程度視乎聯儲局與白宮應對危機的能力，到底美國能否在這一次國際博弈中再一次通過向外輸出危機讓自己渡過難關。

當下，雖然聯儲局要以高通脹為藉口推動利率正常化，但其資產規模即使扣除量化緊縮的金額後，仍然有接近7萬億美元，所以，美股仍有可能不會出現估值正常化所導致的崩盤，但考慮到長週期的因素，可能如著名對沖基金經理肯米勒（Stanley Druckenmiller）的警告般，未來10年將難見增長。

第 4 部

新體系冒起
資產配置新想像

4.1 港元的未來 美元人幣齊聯匯

以上的篇幅是我就美元霸權衰落的前提下所分析的局勢變化，香港作為彈丸之地，一直被視為是中國與西方國家的橋樑，在地緣政治因素下，更成為兩地的磨心。當美元霸權不再、包括人民幣等其他貨幣興起，當下已有聲音認為港元與美元脫鈎的日子不遠，勢必掀起另一個信心危機。香港的命運又會走向何處？我們的投資思維，又應如何轉變？我會在此建議不妨多運用想像力，考慮美元以外的多元資產配置，本章節先討論香港市場以至港元的命運，先從政府為香港定位的文宣入手。

門戶變窗口　落地變路經

香港政府新聞網2018年11月5日的文章，以《香港擔當國家國際門戶》為題，內文引述時任行政長官林鄭月娥表示，「國家改革開放以來，香港一直發揮進出門戶的作用。隨着「一帶一路」推出，香港會繼續擔當國家的國際門戶，為「引進來」和「走出去」作出

貢獻。香港自1997年回歸後，很長一短時間都以擔當中國的對外「門戶」為自己的角色定位，但這個定位近年卻靜悄悄出現變化，香港政府的用詞，逐漸少用「門戶」，相對地增加以「窗戶」形容香港角色的次數。我在網上做資料搜集，發現接任林鄭特首之位的李家超在公開場合對香港的定位，幾乎清一色稱香港為「香港是把國際投資者帶往中國市場的重要窗口」。或者你會認為這只是用字的改變，但從這些官僚文案中仔細推敲，會發現「門戶」和「窗戶」的內涵有著天淵之別。

在香港回歸之初，中國正值改革開放，國家期望吸引外資，趕緊要與國際接軌，香港作為國際金融中心的地位正好派上用場，中國積極借鏡香港的經驗及建設，除了北京首都機場的設計與香港機場非常相似外，尤其在金融領域上，中國也在多方面取經香港，在這個過程中，香港的國際化及專業知識都能夠派上用場。在商貿上，值錢的也正是這些「人無我有」的專業優勢。所以，在過去，香港作為「門戶」，發揮的作用是為內地企業提供專業服務，按林鄭的形容，是「與他們併船出海」。這種角色更像是把客戶從頭到尾照顧得恰恰好的經理人一樣，可以從中分成的利潤比例是非常可觀的。

由「客戶經理」轉為「出納員」

相對地，香港從門戶變成窗口，角色上，就像從銀行的客戶經理，轉為出納員，做的工作只是把資金從國內轉出去，或從國外轉到內

地。很容易理解，相比客戶經理，出納員的工作就簡單得多，收入也自然少得多，沒有了服務費、佣金、表現費、花紅、出差津貼等諸多收益項目。

這種結果也是趨勢使然。1997年，中國的GDP總值是9616億美元，同年香港的GDP是1,774億美元，兩者的比例是5:1，而2021年，中國的GDP總值已增長了18倍至17.7萬億美元，而香港GDP只大約翻了一番至3,681億美元，兩者的比例擴闊到48:1。單以兩者的經濟規模來比較，香港正是從「門」的大小，縮小到就只能算是中國的一扇窗而已。而且，在這25年時間中，隨著中國經濟蓬勃發展，有能力到海外留學的人才逐年遞增，這些海歸人才的回流也帶回了國際知識和視野，令香港一直自以為是的國際知識愈來愈顯得不值一哂。

再者，對於中國市場而言，隨著中國在國際舞台的話語權提升，漸漸地中國也更多地強調「中國特色」的規則，從「走向國際標準」的路線轉變為「成為國際標準」路線，在此大環境下，香港所自恃的國際知識就更顯得無用武之力。這種趨向在本地學府最為明顯，近年更多學校開辦與中國或一帶一路相關的商業課程，香港律師也更積極進修中國法。

香港角色轉變最快的是作為香港經濟三大支柱的物流運輸行業。香港的轉口港地位，很大部分建立於低稅制環境，令海外貨物經香港轉口至內地享有較大稅務優惠。但隨著國內自貿港日趨成熟，中國

在這些年來陸續與其他國家簽署多邊貿易協議,而且,內地的港口效率早已超越香港,令香港的轉口港角色早已顯得無關重要。

內地航運金融發展較香港快

雖然中國《十四五規劃綱要》中,明確提出要支持提升香港國際航運中心地位,但香港貨櫃碼頭吞吐量連年下跌至全球第九,按海事處的統計數據,2021年香港貨櫃碼頭的吞吐量17,798千個標準貨櫃,相比2015年的20,073千個標準貨櫃縮減了11%。港口業務縮減,該行業的就業人口也相應減少,據香港統計處的數字,2022年第二季在運輸、倉庫、郵政及速遞服務、資訊及通訊行業的就業人口為405,800人,較2016年第一季的458,800人減少了11.6%。

此外,隨著香港在2019年社運事件後被二次回歸,香港作為獨立於中國的地位被進一步淡化,令外商尋求香港以外、政治獨立的地區作為立腳點,也令香港的客戶流失得更嚴重。有報導引述香港貨櫃儲存及維修商會主席李嘉迪指出,其客戶中的八成船公司總部已從香港遷至新加坡或上海等地,對這些企業而言,目標是中國的龐大市場,若成本許可則在內地落戶更為直接,若對政治風險較保守的則可以選擇新加坡這個中立國作為立足地。

航運業的業務流失情況,自然也會發生在金融業。香港作為中國金

融業發展的試點,先後為中國試行人民幣離岸中心、滬港通、深港通等。而隨著「滬倫通」的發展,2022年中國證監會已擴大互聯互通存託憑證業務的境內外交易所範圍,境外從倫敦拓展至瑞士、德國,境內從上海證券交易所拓展至深圳證券交易所,「滬倫通」已正式成為中歐通,也已陸續有國內企業利用GDR在歐洲上市,在這個過程中完全不見香港有份參與的身影,可見在中國戰略重心向歐洲大陸轉移時,香港完全發揮不了作用,更遑論未來可能出現的中非或中亞的互聯互通了。正如德國股神科斯托蘭尼對中港金融市場所作的評價指出,在很長一段時間上海一直是中國的金融中心,但因為中國自己封閉市場的原因,金融中心的角色在近百年由香港頂上,當中國要重新開放的時候,香港作為金融中心的角色還可以維持多久呢?

在此大環境下,即使中國經濟繼續增長,中國金融業繼續國際化,但香港能夠分到的油水卻只會愈來愈少。香港優勢對於中國的作用愈不明顯,未來更很可能會為了留住中國大客而提供更「免費」服務,對於香港經濟,以至於本地的專業人士而言,前景是愈來愈堪虞。

國家級特區變大灣區小城

香港的角色變化,除了從門戶變成窗戶,也由以前國家級的經濟特區,變成了大灣區中的一個小角色。中央政府在2019年2月18日

—— 第4部 ——
新體系冒起
資產配置新想像

發表《粵港澳大灣區發展規劃綱要》，把香港、澳門、深圳和廣州列為大灣區的四大「中心城市」。按此，香港的作用便成為要帶領大灣區的公司「走出去」。這份綱要就像在表示，中國認為對香港來說，國家級的企業太大了，香港就集中服侍大灣區吧。根據政制及內地事務局粵港澳大灣區的數字，香港2021年的地區生產總值（GDP）為28,697億港元，較前一年僅增長6.7%，不過澳門及內地其餘9個灣區城市GDP則有雙位數增長（見圖表4.1）。近年中央政府，以至於香港政府對香港的「降格」是愈趨明顯的。當然，相對於香港而言，若能參與大灣區的發展也能獲得很多機遇。

圖表 4.1　大灣區城市 2020 年及 2021 年 GDP

	2021年	2020年	增幅
香港	28,687	26,885	6.70%
澳門	2,394	1,944	23.15%
深圳	30,665	27,670	10.82%
東莞	10,855	9,650	12.49%
中山	3,566	3,152	13.13%
廣州	28,232	25,019	12.84%
惠州	4,977	4,222	17.88%
肇慶	2,650	2,312	14.62%
珠海	3,882	3,482	11.49%

	2021 年	2020 年	增幅
江門	3,601	3,201	12.50%
佛山	12,157	10,816	12.40%

註：香港及澳門的貨幣單位分別是港元及澳門幣，其餘都是人民幣。
資料來源：粵港澳大灣區網站

薪酬水平拉近　解決人才流動

不過，若要按中央的方向促進大灣區融合，促進區內的人才流動是發展關鍵，香港政府與中央近年正不斷推進兩地專業資格互相認證，和以資助方式吸引兩地人才職位交換。

但兩地人員流動存在一個最大障礙，就是香港和內地的薪酬水平差異太大。由香港浸會大學工商管理學院人力資源策略及發展研究中心、華南理工大學工商管理學院人力資源管理研究中心、香港人才管理協會及廣東省人才開發與管理研究會共同發佈的「2022粵港澳大灣區薪酬及福利調查」顯示，在工程、市場拓展、銷售、資訊科技、財務會計等多個領域，香港的薪酬水平普遍較大灣區的內地城市高150%以上。

政府在宣傳大灣區融合方面，經常提議以三藩市灣區作為參考，認為兩者定位相似。根據薪酬資訊網站Salary.com的數據，三藩市

灣區的高低薪酬分別是年薪498,028美元和373,870美元，兩者差異只有大約三成。相比之下，香港和大灣區內地的薪酬差距超過一倍，這會造成區內人員的不平衡流動，因為所有人只會想流向較高收入的地區。

兩地的收入差異有其原因，第一，香港比內地發展早20年以上，基數原本就較高；第二，香港的專業領域特殊，也擔當中介人角色，令本地文職人員的平均薪酬普遍膨脹，較其他已發展地區的人城市更高，最簡單以特首的薪金為例，其薪酬水平比美國總統還要高；第三，是因為香港實行高地價政策，間接成為香港的薪酬水平較高的原因。

拉低香港樓價　收窄兩地差異

上述的3個原因可以反映，香港的專業領域優勢已被淡化，近年香港的薪酬增幅放緩已是最明顯的趨勢。至於第三點的高地價因素，也正在醞釀改變。內地在習近平倡議共富的願景下要落實房住不炒，而中央政府也認為是因為高樓價及貧富差距擴大而令香港發生2019年的社會動盪事件，並在2021年放話要香港解決房屋問題、增加樓宇供應。經歷過董建華八萬五的教訓，香港政府不會在短期內推出過多的土地供應，以避免樓價在短期內急跌造成另一次社會動盪。但可以肯定的是，香港政府將會以增加土地供應或與發展商聯合降低土地成交價格等方式，逐步把新樓宇的價格推低來「再平

衡」整體的樓價水平。2022年，香港已連續12年蟬聯全球樓價最難負擔的城市，樓價中位數對家庭入息中位數比率高達23.2倍，排名第二悉尼也只是15.3倍，兩者相距五成。

著有《二十一世紀資本論》（*Capital in the Twenty-First Century*）的法國經濟學家皮凱提（Thomas Piketty）指出，在美國高成本至平均成本的地區中，85%的生活成本差異來自樓價。若套用這觀察到大灣區融合上，要順利令香港和大灣區內地城市更易融合，便需要收窄兩地的生活成本差異，而當中最直接的方法是拉低香港的樓價和薪酬水平。即使內地的加薪速度較快，但要追上香港的薪酬水平仍需要一段長時間，拉低香港的薪酬水平明顯比提高內地的薪酬容易，而且，解決香港高樓價問題亦與內地的共富方向一致。

港元掛鈎一籃子貨幣的可能

對港人而言，最關心的必定是當美元體系已是強弩之末時，港元的聯繫匯率制度的未來會如何呢。一來，若美元出現信心危機，港元繼續與美元掛鈎勢必令香港的金融市場受到同等程度的破壞。二來，即使美元危機沒有出現，在中美兩個大國競爭越趨激烈下，港元與美元掛鈎會令中國出現尷尬的局面，因為美國可以禁止中港使用SWIFT結算系統進行美元交割，癱瘓香港的貨幣制度，成為中港經濟掛在頭上的一把利刀。

第4部
新體系冒起
資產配置新想像

若不跟美元掛鉤，港元的未來要如何呢？有說法認為，隨著香港與中國的經濟關係更為密切，港元未來應與人民幣掛鉤，香港金管局前總裁任志剛便曾經提出過這種看法。但港元與人民幣掛鉤存在很多問題，例如，香港作為中國城市之一，香港要融入大灣區，為何要另立貨幣來掛鉤而不直接使用人民幣呢？又例如，雖然香港增購中國國債有利提升人民幣作為國家外匯存底的比例，若港元改掛人民幣，那金管局持有的2,000億美元國庫券便要換成中國的國債，會否導致中國國債市場過熱、人民幣匯率急升？

而且，戰略上，在中國能夠成功建立與美元體系並肩、以人民幣為中心的貨幣體系前，香港仍然可以作為中美間的緩衝區。在這期間，中國一方面與其貿易伙伴建立人民幣交易體系，一方面繼續利用香港參與美元體系的經濟活動，香港確確實實地作為中美間的橋樑。在這種考慮下，為降低港元完全與美元掛鉤所帶來的風險，港元大可以推動跟一籃子貨幣掛鉤，例如同時與人民幣和美元掛鉤，並適時漸進調整兩者的比例；另一個方法是直接與國際貨幣基金組織的SDR掛鉤，那麼港元的質沒有重大變化，美元所佔的份額仍然最大，而人民幣的份額則會隨著人民幣在SDR的份額上升而逐步提高，這雖然會把聯匯制度改變為浮動匯率制度，但對於港元資產所帶來的影響有限。

動蕩中投資
首選具社會份額企業

現在我們跳出香港，用更宏觀的角度思考財富配置。有說「金錢不是財富」（Money is not wealth），並不是說人生除了賺錢以外還有其他價值，而是正如字面理解，金錢並不是財富。我們每日想著要賺錢、賺更多錢，只是因為想要獲得我們想要和需要的商品和服務，甚至時間，有形的和無形的，而金錢只是讓我們換取所需的媒介，它本身並無價值。

所以，相比起金錢，我們更希望獲得財富，以擁有及支配資源的能力。而在社會中，財富的概念是相對的，你會擁有得比別人多或比別人少，但就沒有絕對意義上的富有。所以要獲得財富，相比於擁有得比別人更多的金錢，資本家更希望擁有比別人多的資源，在社會中佔據更大份額的經濟產出，所以資本家真正想做到的是如何利用「無價值的」金錢，換取有價值的財富。試想，若沒有人想要金錢，沒有人願意賣商品給你，即使擁有印製金錢的能力又有何用？每年福布斯（Forbes）都會公告世界富豪排行榜，這些富豪的身家有很大部分都是以其持有的

上市公司價值計算，但這代表真正的財富嗎？如果是，首富地位就不會頻頻換人了。

要如何獲取更大份額的經濟產出呢，這才是股票投資的基礎原理。股票是企業的擁有權，而企業是社會產出的主要參與者，擁有股票便等於擁有社會產出的一部分。要從投資獲取如此社會份額，你便需要投資於能夠持續製造出滿足社會需求的企業。就像巴菲特投資可口可樂，隨著人口增長和口味的偏好，可口可樂的需求持續上升，而因為有可口可樂打造了一個難以跨越的品牌護城河，成為了維持自己經濟份額的關鍵。

放棄帳面增長　追求堅實業務

巴菲特曾提出投資理念：「我買入股票時，會先假設交易所明天起會停止運作5年」（I buy on the assumption that they could close the market the next day and not reopen it for five years.）；此外，在2009年經濟危機時，巴菲特於巴郡股東大會中，以老師、外科醫生及記者等專業人士為例，提到最有效對抗通脹的方法，包括自己的賺錢能力（The best protection against inflation is your own earning power），要成為行內最出色的，那麼不管貨幣的價值是多少，你都能在經濟大餅中分一杯羹。

另外就是投資一家出色的公司。試想，若香港股市永久關門，李嘉

誠的身家會大幅縮水嗎？帳面上會，但他擁有經濟產出的比例不會受到多少影響。只要經濟繼續運作，他旗下的業務會繼續為他製造盈利及現金流，他所擁有的「財富」不會因為股市是否關門而受到影響。股票或資本市場只是為資本家進行財務操作的平台。當我們每日死盯緊股票上落，妄圖通過炒賣致富時，真正資本家的心思是在努力提升自己所佔的社會份額。

以這種投資理念累積財富需要經過一段長的時間，就如同巴菲特運用複利滾存的方式致富一樣，他絕大部分的財富是在60歲後才獲得的。這當然比不上通過炒賣致富來得過癮，中間也需要忍受市場波動所帶來的情緒困擾。

誠然，作為一般投資者，很難以這種心態及理念進行投資操作，其中最大的原因是一般投資者的資金規模小，難以察覺自己在社會經濟產出中的份額變化；而且，與控制企業經營的企業家不同，一般投資者不能從生意營運的資金流中得到好處，只能從股價上升及收取股息時才感受到「獲利的喜悅」。但最起碼，若你期望通過投資致富，應該要先明白社會份額的概念，並以之作為投資操作的基本原則。只有這樣，才能以客觀和更貼近現實的角度衡量企業的價值。

保障財富　首選財務穩健的企業

把這種理念應用到今日的投資市場尤其重要，貨幣是資本市場的

根基，貨幣市場的操控及混亂直接干擾了資產的有效定價，如果「去美元化」戰場進一步白熱化，相信全球資本市場會進入混沌狀態，在這種情況下追求帳面上或金融層面上的回報，似乎已沒有多大意義。因為價格的變化已與基本面（例如經濟實力和購買力）脫節。若資產沒有相應的經濟實力支持，繁榮外表只是空中樓閣、曇花一現。

相對地，經濟價值高於金融市場帳面值的資產是最能保障自己財富的地方。雖然在短期內可能會因為貨幣勢力亂竄的情況而出現更大的價格波動，但只要該資產能保持穩定甚至增長的經濟產出，它的市場價格最終也會在混亂過後的市場被反映出來。

當然，你會想表現得更加精明，既然全球資本市場將出現混亂，那麼持有現金就穩陣了，等大市跌定才買資產。但這次混亂的起源是現行的全球貨幣體系，你要持有哪一種現金貨幣才是正確的選擇呢？我發現社會愈進步，資訊愈多，投資者便會想得愈複雜，愈去追求一些「致富密碼」、「必贏程式」，反而把最基礎的概念都忽略了。

十多年資本市場定價模式被扭曲，以預期增長為高估值的藉口，甚至有財經專家毫不諱言公開認為傳統估值指標是已經過氣失效，這一切並沒有顯示出投資人有更好的預測能力，反而是顯示了這些投資人的傲慢和完全沒有察覺自己對未來的無知。隨著通脹來臨，從政府、央行，以至投資者都要被迫重新正視自由市場調節的效率，和考慮價格與回報率關係等基本問題。

英國科學家高爾頓（Francis Galton）提出的「均值回歸」（reversion to the mean）學說一直堅定的告訴我們，即使在某一個時刻鐘擺在一個極端，它也會在其他時候擺到另一個極端，而從長期的整體而言，它也會趨於平均水平。所以，當一個投資人曾經以為自己可以準確預測未來後，他也很可能會在一段長時間對自己、對市場完全失去信心。

面對資本市場正在步入一個新的大週期，市場將要從過去十多年的被扭曲的定價模式中重新適應，對投資人來說，唯一可靠和不變的是財富的累積速度完全是取決於投資的回報率。一個認識到自己的無知的投資人，會明白在變動不安的市況，採取謙虛態度和保守策略的可貴。當低息環境不再，相比起期待未來增長，市場將會更需要高回報的投資來支付日益上升的資金成本，意味著財務穩健、有穩定現金流和低本益比的公司將會重新成為投資市場的關注重點。

追捧電動車不如投資發電業

我舉一個例子，在過去兩年，曾經有一段時間中港股市對電動車相關的投資主題趨之若鶩，大家都相信汽車業要轉型了，全球都要邁向更環保的年代，目光都放在電動車及相關配件，例如電池的增長。電動車的未來會如何，相信沒有人能夠百分百保證，但若我們對當下社會結構有基礎了解，可能輕易了解到，即使社會轉型全面推行電動車，但電動車也是要充電的，即是說，社會需要大幅增加

發電量來滿足電動車的能源需求,在這個前提下,相比已經被炒賣得非常高昂的電動車股價,被市場忽視及股價低迷的發電行業顯得更加值得投資。再進一步想,中國的發電行業中,火電的比例高達六成,即使中國政府的目標是要提高潔淨能源的比例,但這也不可能在一至兩年內完成,意味若要滿足眼前因為電動車普及而出現的電力需求急增,將不可避免地拉升火電主要原材料——煤炭的需求。事實亦證明,在電動車股熱潮過後,火電相關股份的表現出現更持久的升勢,後來市場對電動車行業競爭的憂慮,反而蓋過了電動車業的增長前景了。

若能夠準確預知未來,肯定能在投資市場要獲得超額回報,但如果未來能夠被肯定,「未來」這個詞就要被改寫了。所以,穩健的投資者在嘗試對未來作出預測時,會盡可能以謙虛的態度,避免為「未來」提前付出高昂的成本。而且,相比起「預測未來」,他會試圖對「現實」有更充分的了解,只要對「現實」比市場了解得多一點便能夠取得優勢。

在當今的資本市場,第一個要認清的事實是,全球資本市場,尤其例如美國的高估值市場,難再實現高回報。

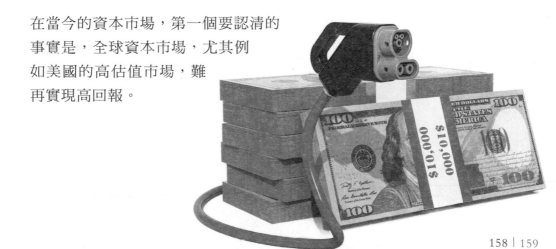

4.3 放棄虛幻升值 新指標追求增長

要進行理性的投資策略，第一步是要設定一個合理的預期回報，因為這個預期回報將決定你作投資時所付出的價格水平，也會影響資產配置的方式。

面對未來的投資環境，投資者第一個要面對的是接受預期投資回報下降的事實。因為經濟的預期增長也更趨緩慢。當社會和經濟愈趨成熟，邊際效益下降，再多的經濟增長也不會帶來更大的社會效益和幸福感，這是大多數成熟經濟體面臨的同一問題。

由聯合國發布的《全球幸福指數報告》（World Happiness Report）指出，當人均GDP超過7萬美元時，國民幸福程度就會進入高原期，因為社會建設和生活質素到達一定水平後，可以增長和改進生活的空間便愈小，社會便陷入欠缺有意義的增長動機的困局，也是讓我們重新正視經濟發展的真正意義的機會，這也是為甚麼幸福經濟學的發展正持續成長。

除了所謂的幸福感以外，有更實在的證據證明追求經濟持續增長

是不再靠譜的發展方向。《自然》（Nature）雜誌曾發表一篇報告指出，經濟的能源強度（每單位 GDP 的能源消耗）下降速度正在減慢，能源的供應和需求兩方面都接近效率的極限，持續的增長已經抵銷了能源和天然資源效率的收益。能源與產出的邊際效率下降進一步證明經濟持續增長是不可能的，未來社會需要從以經濟增長為目標轉型，這肯定會導致預期投資回報率的下降。以美國股市為例，當經濟以年均約 4% 至 5% 的速度增長，造就了美股年均約 10% 的回報，若未來經濟增長降至 2% 或更低，股市的預期回報也將會大幅下降，更不用說在歷史上跑輸大市的基金經理了。

整體市場的預期回報下降，基金經理的績效也不見得對投資回報有幫助，巴菲特曾經打賭在 10 年內指數基金跑贏精選對沖基金並贏得了 100 萬賭注。作為一般的投資大眾就更需要明確了解到自己的處境，別企圖追求自己認為的理想回報而承擔與回報不成比例的高風險，對任何投資的預期增長和回報都應該作出保守、合理的估算，避免為虛幻預測付上高昂的代價。

近年網絡媒體盛行，與投資或財經相關的 KOL 更是如雨後春筍般多，每位都標榜自己的投資績效是如何理想，為求取得更多觀眾，這些 KOL 都大力推廣自己有獨特的投資技巧或程式而實現了以倍數計的高額回報。當然，我們不能排除個別人士有特別天賦或運氣，但如果能夠每年都實現以倍數計的年回報，年度績效只有大約 20% 的巴菲特也不會被稱為股神了。

追求「幸福感」取代盲追GDP

由於現代經濟學缺乏明的確目標和國家之間存在競爭，社會目光便放在追求無限的增長，並認為GDP的增長代表了繁盛。但隨著結構局限和效率下降等因素，這個唯一目標也即將是時候要作出改變。

有份制訂GDP的美國經濟學家顧志耐（Simon Kuznets）曾經告誡「國民收入難以代表國民福祉」。首先，GDP國民生產總值，只是衡量一個國家的產出總額。但GDP沒有告訴你這些產出是否有效提升社會水平、生產效率和生活質素；而且，國民生產總值的組成是「消費＋投資＋貿易淨額」，即是說，也有可能會出現GDP與國民收入走勢不一致的情況。2022年這種情況在美國和中國都曾經出現，美國連續兩季出現GDP負值，但就業市場卻非常旺盛，而中國GDP保持正數，但真實的失業情況卻嚴重惡化。

除此以外，從實際意義上，GDP也不能反映一個國家的社會發展和居民生活質素。以GDP與衡量國民健康、知識、所得的社會發展指數作比較，人均GDP排名較前的歐美國家，它們的社會發展指數卻出現背離的情況，以美國為例，人均GDP排名前五，但其社會發展指數卻只排到第十八位。

諾貝爾經濟學獎得主施蒂格利茨（Joseph Stiglitz）曾發表一篇研究報告 *Mismeasuring Our Lives: Why GDP Doesn't Add Up* 指出相似的結論，並提出以「幸福感」（wellbeing）代替GDP。

而在2020年美國經濟學會上，經濟學家們也指出單GDP不能衡量國家的繁榮程度，因為它沒有考慮到健康、收入或財富的分配和生活品質等因素，亦有學者因此而提出了以真實發展指標（Genuine Progress Indicator, GPI）取代GDP作為社會目標。

盲目追求經濟產出的增長，而忽略了產出的社會效益，所造成的結果是國家不斷肩負更大的債務，但生產效率和生活質素卻沒有因此而提升，令很多國家都出現債務違約和內外矛盾加劇的問題，這些都急需解決。投資市場似乎比政府部門更早明白這種情況，並已經加大納入ESG（環境、社會、企業管治）因素在投資中所發揮的作用。截至2020年底，全球ESG相關的投資規模已經達到16,500億美元，相比2018年上升了接近兩倍；彭博更預計在2025年，ESG的相關資產總額將超過53萬億美元。這顯示投資界在作投資決策時，愈來愈關注投資對環境和社會發展的影響。雖然ESG投資仍然處於摸索的階段，但長遠而言，這個方向有望減少無效投資和盲目追求增長。

高ESG評級公司　更高總股東回報

當投資界愈側重ESG在投資決策的作用時，ESG投資在市場上的資金佔比將會增加，從而製造比大市較高的投資回報。摩根士丹尼的發表報告指出，在2020年美國的可持續股票基金的表現較傳統同業跑贏4.3個百分點；而MSCI的研究也指出，獲得較高ESG評

級的公司，在過去 10 年提供更高的總股東回報。各國政府對可持續發展的要求日趨嚴謹，其中一個主要原因也是為了減少無效益的浪費和提升總體回報率，對投資者來說，盡早加入 ESG 投資的行列能夠取得先行優勢。

順帶一提，不單止在企業營運或投資上要加入可持續發展的因素。個人在追求財富上也一樣，盲目追求帳面財富不是明智之舉。財富是相對性的，歷史上最富有的人是 14 世紀時的西非統治者曼薩穆薩，他擁有當時全球黃金總量的一半，財富多得無法形容，但你會想與他交換生活環境嗎？相信在今日的香港，任何一個普通市民的生活舒適程度、衛生程度、壽命等都比他好。在沒有冷氣的古代西非生活，你可以嗎？曼薩穆薩也只有 57 歲，比香港男性的預期壽命 83.4 歲短 26 年。所以，在追求財富前，我們應該先對自己的渴求有更多認知，是真正想追求更大的社會份額和隨之而來的成功感，抑或只是為了生活得更舒適？以買樓為終身目標的香港人便是最佳反面教材，把一生光陰花在一個幾百尺的單位，既忽視供樓的利息成本可能已經抵上了租金開支，又忘記了自己真正想擁有的生活。

部署多元資產：
現金、黃金、科技

我曾在專欄中說過，在亂世中投資，最重要的是想像力。我們正處於貨幣體系混亂、資本市場被扭曲、戰火四起的年代，很多我們以為个會發生的事情，在最近兩年都相繼出現，一次又一次地令我們大開眼界。誰又能說準美國不會出現違約，美元貨幣體系不會出現改變？這種想像力，是要為最壞的事情做準備。

運用想像力並不是說我們要以憑空猜想的印象來做投資決策，但我們應該要有「甚麼事都有可能發生」的心態和事前準備來面對眼前的投資環境。被喻為「價值投資之父」的葛拉咸（Benjamin Graham）說過，投資操作不是對預期回報的管理，而是對風險的管理。

所謂亂世，就是我們在往常以為沒甚麼機會發生的事都會突然發生，而且會接連出現，更要命的是，當這些小機率事件發生時，通常都會產生非常嚴重的後果。比如飛機失事的概率是千萬分之一，但發生時幾乎肯定是災難性的。

要在這種環境下進行投資，追求獲利是次要的選項，更重要的是能盡可能維護自己的購買力不受侵損，而要達到這個目的，投資者需要遵從兩個資產配置方針，分別是高流動性和資產多元化。

鍾情流動性的原因有兩方面，第一，因為在扭曲市場中，股票和債券都在下跌，前景能見度較低、長期投資風險更高的環境中，投資者將被迫首要考慮短期收益；第二，若貨幣體系出現更大動蕩，愈能夠快速及容易換取商品的資產所受到的損耗也會較低。

選擇高流通現金組合

在考慮避免資本市場波動及尋求短期收益方面，多元的現金組合、短期債券及定期存款是高流動性的資產配置選擇。現金組合方面，對香港人較熟悉的貨幣而言，可以分成三個大類：

第一類是有豐富天然資源支撐的貨幣，例如加元、澳元、紐元、瑞士法朗等，其中，瑞士作為中立國，在國際收支上長期維持順差，而瑞士對金融客戶的高度保密，加上瑞士是世界最重要的黃金精煉國，擁有全球最高的人均黃金儲備量作為支持，令瑞士法朗成為最穩定和避險角色的貨幣。

第二類是全球使用率及流通量正在持續上升的人民幣，按中國的全球最大的製造業及貿易佔比、儲備石油人民幣的新角色、人民幣正

以一種繞過美元體系的方式在逐步建立一個平行體系，而且，中國也有接近2,000噸黃金儲備和全球第二大的外匯儲備，加上人民幣匯率所呈現的穩定性，令國際市場對人民幣的信心反而比中國人對人民幣的信心更大。

第三類是美元。讀者可能會覺得奇怪，本書不是一直說美元體系正在崩潰嗎，為甚麼卻建議持有美元。對香港人而言，若美元體系出現任何巨大波動，港元與美元掛鈎的情況下也肯定會受到同等程度的牽連，在這前提下，美元的存款利率較高，所提供的風險回報也相對理想。

在過去幾年的超低利率環境下，香港興起了保費融資的投資方式，犧牲流動性以槓桿換取較高回報，但在美元利率比港元利率上升得較快下，加上本地虛擬銀行以極低利率吸引客戶貸款，一般人也可以以低於年息兩厘的成本從虛擬銀行借入港元，並以之換成美元放在銀行開立定存，賺取4厘以上的年利息，這操作所犧牲的流通性成本比保費融資低得多，而且，保費融資的利息成本是按香港銀行同業拆息（HIBOR）或最優惠利率浮動，而虛擬銀行的貸款卻是固定，利率風險也比保費融資低。

從購買力的抗跌性而言，高流動性和資產多元化是一體兩面的，因為高流動性代表的是你能方便地在購買力沒有減損的情況下獲取商品；而多元化的資產配置則能夠幫助你整體資產組合維持相對穩定的購買力。而由於前提是要盡力保存自己對於商品及服務的購買

力，在資產配置中便應該增加非金融產品的資產，例如商品投資，其中，能源、貴金屬這一類需求較穩定、認受性較高的商品，它們儲存價值的功能較高。

智能生活成未來經濟增長動力

想像力除了要牢記住「甚麼事都有可能發生」這個命題外，在當今這個一日千里的年代，也要多運用想像力幻想未來世界的日常生活會出現甚麼改變。

我們沒有水晶球，不能預知未來，但不妨參考近年的科技變化。時代巨輪不斷前進，科技的發展讓社會一次又一次突破樽頸，讓經濟重拾增長動能。我們即將面對的未來世界將會遍佈人工智能，汽車會自動駕駛、文字或圖片創作只需輸入簡單的要求，軟件會自動編程和通過機器學習不斷提升運算能力，遺傳病能以基因編輯修復，任何奇難雜症也可在極短時間內自動研發藥物治療，新冠疫苗能在短期內推出市場也是拜科技突破所賜。

根據英國研究和諮詢機構牛津經濟（Oxford Economics）的預測，機械人跟自動化的崛起將取代人類的就業機會，預計到了2030年機械人將取代全球約2,000萬份製造業空缺；哈佛商業評論（*Harvard Business Review*）在2018年4月標題為《自動化熱潮之後，衰退就來？》（*Why the Automation Boom Could Be*

Followed by a Bust）的一篇文章中也作出類似預測：下一波自
動化已經開始。人形的服務機械人、機械學習演算法和自動物流
（autonomous logistics）將在未來10年內取代數百萬名服務工作
人員。到2030年，美國在自動化方面的增量資本投資可能達到8
兆美元。

美國在近20年，低生產效率是經濟增長的最大障礙，在2020年疫
情後情況更加明顯，老年勞動人口退出令當地出現勞動力荒，刺
激薪酬水平急升，每單位的生產成本大幅上升。這種局面可能會持
續一段時間，但卻肯定會成為企業加速提升自動化生產的藉口。
2019年時，研究機構Tractica就曾經作出預估，全球機械人營收
市值在2025年將達到5,000億美元，屆時人工智能將取代人類三
分之一的工作。

從這趨勢，讀者可以思考：一、智能生活基建將會成為經濟繼
續增長的推動力，而且若人工智能的普及化將覆蓋生產和城
市各個層面，相關的硬件及軟件行業的需求將會有爆發性的增
長，例如半導體產業、5G，甚至是6G發展、機械人等，也因此
原材料金屬、以至電池、新能源等市場需求也會有較快增長。
第二、若人工智能取代人類工作，那將會出現更多的企業稅種
和相應的生活福利，在此環境下，基本消費、個人娛樂的需求
也將會有較大增長。

著名投資顧問及基金經理人馬克曼（Jon D. Markman）著作《明
日飆股》（*Fast Forward Investing: How to Profit from AI,*

Driverless Vehicles, Gene Editing, Robotics, and Other Technologies Reshaping Our Lives）一書，描寫了多個新興的產業鏈和介紹多家有領先優勢的企業，對投資者了解新興產業和構想未來世界多少有點幫助。

我不是新科技領域的投資專家，但有一點建議留意：中美競爭愈是激烈的環節，愈可能是未來世界的重心行業，從奧巴馬年代開始，美國已提倡重點發展智慧城市，但因為當地的法律制度、政治和其他社會問題，令美國的智慧城市和大數據的發展步伐較中國落後。而後來的特朗普和拜登政府，陸續把科技戰的熱度提升，先是禁止政府採購和使用華為和中興的科技，之後更是聯合同盟國禁向中國出口頂級芯片，企圖拖慢中國的智慧城市發展進程。

美元衰落　黃金需求重現

各方去美元化的趨勢中，受到衝擊的是以美元為中心的全球貨幣體系，在市場尋找到更值得信賴的貨幣前，貨幣市場重返商品本位制的可能性非常大，其中，最有可能成為商品本位制的錨的商品，必定是被認為是神的金錢（The God's money）的黃金。

自國際放棄金本位制度後，美元霸權地位確立，黃金自然是美元的頭號大敵，因為若市場對黃金重拾信心，即是對美元的信心減退，

其他沒有黃金支撐的法定貨幣也會面臨同樣考驗。因此，美國對黃金市場的控制和打壓一直都非常嚴密，在輿論上，政府一直堅稱自金本位制取消後，黃金除了首飾以外，幾乎沒有任何價值，在金融市場的操作上，官方則利用衍生性商品和套利合約等方式操縱黃金價格。

然而有趣的是，聯儲局擁有世上最大黃金儲備的，根據世界黃金協會的數字，截至2022年第三季，美國的黃金儲備約8,133噸，數字自1970年代以來幾乎沒有變化。美國會以低息向投資銀行出租黃金，投行以大約1%利息成本借入黃金後，便會做短期操作，把借得的黃金放到市場出售換取美元，然後以之購買美國國債，賺取息差。這種黃金套利交易，讓聯儲局可以拋售央行黃金打壓黃金價格，央行收到1%利息收入，投資銀行又能賺取息差，而且又刺激了美國國債需求（對赤字高企的美國來說，這點很重要）。投資銀行從央行借來的黃金一般是6個月的短期合約，而賺取的通常是長期的國債息差，這個套利活動的合約期時差會造成風險，而銀行則因此開發了林林種種的遠期合約，讓黃金生產商預售黃金礦產。

每次黃金價格因為市場需求而被推高時，以聯儲局為首的央行也就會開始拋售黃金，嚇退投資者，讓美元以及「親美元」的貨幣體系重拾市場信心。早在格林斯潘執掌聯儲局的年代，已曾公開承認當局會通過出租黃金來增加市場的黃金供應量。而且，這個操縱黃金的圈也會愈滾愈大。因為投行對黃金的套利交易持續增加規模後，如黃金價格上升，意味投行們很可能需要以更高的價格退還黃金，

並因此錄得損失；而且，若投行沒法償還黃金，央行的黃金帳目也會出現虧空，從而導致貨幣信心崩潰。這種黃金套利交易是由央行推動的，央行就有責任確保投行不致虧損，因此，央行出租的黃金量只會愈來愈大。

隨時間推演，可以想像到，市場將會擔心央行的黃金儲備還有多少？其他央利對存放在美國的黃金儲備也會引起憂慮。

多國要求運回在美黃金儲備

我於第二章2.3節曾說過，各國正加速為去美元化做準備，黃金需求因而上升，另邊廂，隨著世界對美元國際貨幣體系出現信心裂痕，各國陸續把存放在美國的黃金運回本土。

因為冷戰、布雷森體系等種種歷史問題，以往不少國家央行都會將該國的黃金儲備，儲藏在紐約美聯儲銀行地下銅牆鋼壁的金庫內，目的是鞏固美元金本位制的穩定，而即使在布雷頓森林體系破滅後，各國仍然沒有改變，為的是支持美元繼續作為世界貨幣體系的中心，作為對美元的信心象徵，而且，國與國之間進行的黃金交易也可在曼克頓金庫內完成，於是一直沒有把黃金運回本國。根據紐約聯邦儲備銀行的資料，目前有約6,190噸黃金儲存在當地，這些黃金大部分並不屬於聯邦儲備系統內，而是代其他國家央行等機構持有，它們分別來自48個國家及12個國際組織，只有小部分屬於美國政府。

這做法一直相安無事,直至2008年金融海嘯後,各國央行一來要
穩定貨幣,二來眼見美國大量印鈔,都擔心自己放在美聯儲的黃金
的安全性,於是向聯儲局要求檢查自己的黃金是否仍然存在,和要
求運回黃金到自己國家。尤其是美國實施制裁法令後,存放在美
國的美元儲備也可凍結,那麼存放在美國的黃金自然也可被美國凍
結,甚至沒收。　亦有人認為這種質疑是杞人憂天,因為美國不會
破壞自己的信用因小失大,但近年所見,幾乎只要得罪美國,任何
美元資產都會被凍結,甚至修例沒有黃金之說不絕於耳,也反映美
國正在行使威權凌駕信用的國家戰略。

各地「讓黃金回家」的聲音愈見高調,最先是2012年,德國央
行要求檢查放在美聯儲的黃金儲備。當時德國的黃金儲備總量約
3,391噸,是僅次於美國的世界第二大黃金儲備國,其中1,536噸
保存在紐約美聯儲銀行的地下金庫。不過聯儲局多次以「可能會對
金庫造成安全隱患和程序問題」拒絕德國央行檢查,雙方多番周
旋。根據德國央行公布的數字,美國於2013年至2016年間,先
後僅交還共300噸黃金。直至2016年底,德國央行仍有1,236噸
黃金儲存在紐約美聯儲銀行,2021年的儲藏量相若。而德國的黃
金儲備由2000年的3,175噸增至2021年底的3,360噸　。

美國的黃金儲備自1970年代以來幾乎都沒有變化,都是約8,133
噸,而數據顯示,美國2010至2021年共計出口約5,787噸黃金。
坊間有聲音質疑美國會否「挪用」他國的黃金儲備,但未有權威消
息證實。已知的是,美、德的黃金鬧劇上演後,陸續有更多國家要
求從美國運回黃金儲備回本土,自2020年以來,全球央行運回存

放於美國聯儲局的黃金的情況持續升溫，至少有15個歐洲和新興國家都提前將存放在美英兩國的黃金運回自己國家。單是中國，在2022年7至至9月期間，已從歐美運回了300噸黃金回國。截室2022年8月底，聯儲局的黃金保管量已下降至5,500多噸，創下歷史低位。

通脹保值債　與金價走勢脫軌

今年以來，美元指數上升了18%，同期黃金價格只下跌了9%。其中重要原因之一是各國央行都在增加黃金儲備。世界黃金協會數據顯示，今年上半年全球黃金需求總量達2,189噸，同比增12%，全球官方黃金儲備增加了270噸。過去4年央行的黃金淨購買量達到1,850噸，創下了1971年美元與黃金脫鉤以來的最高購買速度紀錄，官方黃金儲備自2008年以來已經增加了逾5,000噸。這種剛性需求，或令美歐央行利用「出租」黃金來壓低金價的效果大減，同樣地，直至目前，即使長期利率已突破4厘，但美債的需求也未見上升。而且，過去與金價表現非常一致的美國10年期通脹保值債券（TIPS）價格的跌幅，於2022年也顯示與黃金價格走勢背道而馳（見圖表4.2）。

圖表4.2　美國十年期通脹保值債與金價走勢（2002年至2022年）

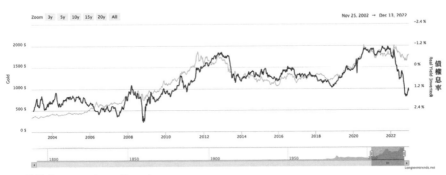

註：數據截至2022年12月12日

資料來源：Longtermtrends

美國10年期通脹保值債券價格下跌明顯是通脹預期大幅回落的跡象，但其表現與黃金價格脫軌，則有兩個可能，一是黃金價格滯後，可能會隨後下跌，二是反映黃金比TIPS的避險功能更高，意味美國在美元與黃金的信心戰中正處於下風。若美國出現滯脹，也將令美國更難還債，更高的利率會進一步增加美國的財政負擔，從而令美債發生違約風險或迫使聯儲局在高通脹下重啟量寬購入美債，令高通脹長期化。

若以美元為中心的貨幣系統有甚麼差池，黃金儲備可以作為穩定自家貨幣的金本位基礎。各國央行在近年以破紀錄的速度增加黃金儲備絕不可能是巧合，即使被迫服從美支持美元意志的日本在很長一段時間沒有增加黃金儲備，也在2021年起增加黃金儲備、減持美債。根據日本財務省的數字，日本自2021年起增加黃金儲備，由

765噸增至約846噸。而美國財政部透露，日本作為美國國債最大的主要外國持有人，其持有國債的金額亦由2021年的12.99億美元，減至2022年9月的11.2億美元。

正所謂空穴來風，未必無因。黃金在布雷頓森林協定前流向美國，令美元逐漸形成霸權，而近年黃金從美國回流各地。另邊廂，美國本土對美元信心亦見動搖，堪薩斯州（Kansas）2021年提出將金幣及銀幣列為與美元同等的法定地位，雖然最後未能通過，但其他州份相繼有同類倡議，美國近年的銀幣及金飾需求也急速上升。大家不妨思考，這是否意味著世界體系將從美元本位重回黃金？

石油有減無增　價格必升

2020年負油價時，美國部分石油企業瀕臨破產。奉行「別人恐懼我貪婪」的巴菲特卻買入西方石油（Occidental Petroleum）的可換股債券，其後在2022年多次增持。他對此的解釋，是即使新能源使用量持續上升，但全世界對石油的需求是肯定的，而且，地球的石油資源不斷減少，石油價格在長期必然上升。

前稱英國石油（British Petroleum）的石油巨擘BP發表的統計顯示，2020年底時，全世界已確認的原油藏量大約有1兆7,324億桶，以每日全球需求大約250萬桶計，大約還可以開採多25年，若再加上頁岩油、新發現的油田、開發技術進步等因素，地球石油

開採量還可維持約50年。這就更加肯定了，在10年、20年後，即使新能源的供應能夠趕得上全球的需求，但石油的藏量及供應持續下降，油價也自然呈上升趨勢。

而且，當下工業對能源的需求仍然以石油為主，石油仍然是全球交易金額最大的商品，這種局面與1970年代美國尋求沙特支持確認石油美元地位時並無太大分別。顯然地，石油在現今全球經濟的地位依然穩固，有豐富石油資源支撐的國家，其貨幣的匯價甚至比美元更高，例如阿曼的阿曼里亞爾（OMR）、巴林的巴林第納爾（BHD）、科威特的第納爾（KWD）等。同樣地，若某國貨幣能夠成為美元以外交易石油的主要媒介，它的地位也肯定會拾級上升，其中，人民幣似乎正向這方向前進。

我在2022年2月在專欄指出，若以1980年油價峰值作為起點，每年平均4%的通脹率的複式乘數下，當下10年的油價峰值很可能要升到508美元一桶。看似是危言聳聽的論述，但回帶到70年代，當年的石油若以黃金計價，也就是400多美元一桶。若全球貨幣體系重塑，黃金再次成為貨幣之錨，石油價格升至500美元一桶還會是天方夜譚嗎？

部署長線　配置不同類型資產

金融研究證實，從長期來看，決定投資回報的眾多因素之中，資產配置因素佔了九成作用，投資者能夠通過資產配置分散投資組合的風險，並提高風險調整後的潛在收益，實現超額回報。

圖表 4.3　耶魯大學捐贈基金相對其他院校的表現
（*1985 年至 2021 年*）

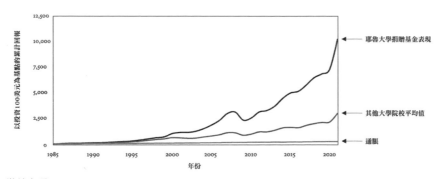

資料來源：The Yale Endowment 2021

在資產配置方面，耶魯大學的捐贈基金（Yale Endowment）絕對是大眾投資者的學習對象。基金的規模從1985年的13億美元，增加到2021年的423億美元，年均增長達到10.1%，而且，在2001年至2021年的20年間，平均年化收益高達11.3%，超過了美國股市約9.1%的回報。即使在2022年股債雙匯商品通殺的投資環境，截至2022年6月30日，耶魯大學捐贈基金也錄得0.8%的收益率，投資收益達到26.6億美元，是市場上非常難得的正回報。

耶魯捐贈基金自1950年成立，在初期大部分資產都投資在債券市場，後來逐步調整為60/40股債平衡投資組合，但其後的表現也平平無奇。直至1985年由投資專家史雲生（David Frederick Swensen）成為基金的CIO後，幫助耶魯捐贈基金的創造了長期的超額回報，令這個「耶魯模型」的投資策略成為投資機構推崇和效仿的對象。

「耶魯模型」不單止創造了超額回報，更難得的是創建了更平穩的回報規律，基金在過去30年中，僅2008年金融海嘯時出現虧損，其他年份的收益均為正數。

耶魯模型的投資方式主要可分為3點：

1. 配置於不同類型、回報相關性低的資產

基金將資產分為8個類別，分別為絕對收益、美國股票、海外股票、槓桿收購、天然資源、房地產、風險投資、固定收益及現金，其中大部分資產的相關性較低。

部分資產類別與實體經濟收益的關連性較高，只要經濟長期能實現正增長，便能提供穩定的現金流和回報，降低股市對資產組合表現的影響。

耶魯基金表現成功佐證分散投資於不同類型、地區資產的重要性。隨著金融市場的進步，近年也陸續有不同主題的私募股權ETF及基金面世，令小投資者也可以接觸到創投及另類投資。

圖表 4.4 耶魯大學捐贈基金資產配置

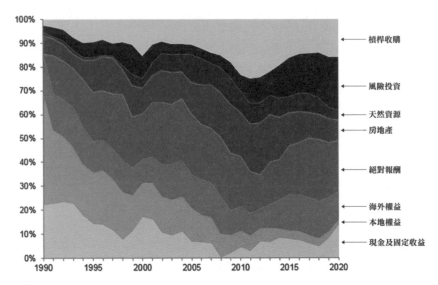

資料來源：The Yale Investments Office

2. 比例上較集中於非傳統類／另類資產

耶魯捐贈基金的資產配置比例較集中於低流動性的權益類資產；通
過長期投資框架，以犧牲流動性來獲得超額回報。事實也證明這一
點，在2011年至2020年的10年間，基金投放在權益類資產的平
均配置比例約五成，而這類資產所產生的回報比例卻高於七成，其
中，海外權益、槓桿收購和風險投資等配置貢獻了大部分收益。無
獨有偶，近年黑石（BlackRock）首席執行官芬克（Larry Fink）
放棄運用了數十年的60/40平衡投資組合，改以50/30/20的方式
進行投資配置，即50%投資於股票、30%投資於債券、20%投資
於另類資產。

可能你會認為一般小投資者難以投資於這些另類資產，但其實隨著金融市場和金融產品的發展，相比過往，個人投資者對另類資產的投資選擇已大幅增加，例如另類資產的開放型互惠基金、ETF、房託（REITs）等，這類標的沒有投資門檻或門檻很低，對小投資者而言是足夠作為資產配置之用。

在另類資產中要如何選擇？以耶魯基金的低流動性權益資產為例，它包括了天然資源，油氣、農林業等天然資源類別。這類別的資產一來能夠提供較預期通脹高的保護，而且有能見度較高的現金流，並能夠分散股債風險。從這方向理解，似乎就能夠明白為甚麼微軟創辦人蓋茨（Bill Gates）成為了美國最大的農地擁有者。

3. 被動調整資產組合

相對於進取型基金主動尋求高回報、低買高賣的投資策略，耶魯捐贈基金傾向採取被動方式，通過比較各項資產類別的相關性及風險水準來設定各類資產的投資比例，並只在市場波動令資產配置比例超過設定時才進行再平衡。

這一套被證明有效、受到投資界仿效、長期跑贏大市的投資模型，卻很少被財經專家或媒體所引用，為甚麼呢？

大部分的投資者認為股市是一個即投即賺的市場，捕捉升跌的時機是他們的致勝關鍵。所以媒體、專家、分析師們，都試圖為方便投資者捕捉時機提供數據或論述的支持。而且，一般人難以接受帳面損失，並會因此而出現悲觀、抱怨的情緒，所以便衍生了一些在熊

市中「一股不留」、「遠離股市」的投資策略。大眾投資者都是希望在升市中 All-in，在跌市前 All-out。

相反地，長線的投資方式幾乎毫不在乎市機或預測市場走勢。在過去 30 年，耶魯捐贈基金的現金水平基本上大約保持在 20% 至 30% 之間，而且，維持如此高比例的現金水平很大程度是為了應付基金的開支所需，而不是為了捕捉市場升跌而閒置現金。股神拍檔芒格對此也曾表示過，在他的投資生涯中，在絕大部分的時間都是滿倉狀態，把自己的資產投資於認為是當下最有前景的標的。

顯然地，對這些長線投資者而言，創造長期績效的可靠方法是投資於預期回報的能見度高的標的，並定期按市場價格的波動調整資產配置，這是因為價格與回報率呈反向關係，如前所述，資產配置因素在長期績效中所佔據的作用高達九成。

若你是偏好擇時交易（time the market）、即藉著預測市場走向做買賣交易決策的投資者，在此向你推介一本書——由 2019 年諾貝爾經濟學獎得主印度裔美國學者巴納吉（Abhijit Banerjee），以及法國學者杜芙洛（Esther Duflo）撰寫的《貧窮的本質：我們為甚麼擺脫不了貧窮》（*Poor Economics: A Radical Rethinking of the Way to Fight Global Poverty*），內容正正是揭示導致貧窮的因素之一正是著重短期利益、從不做長期規劃、受不住誘惑進行投機。

新興國家增話語權
從優勢覓機遇

當世界貨幣體系進入動蕩期,去全球化趨勢下會衍生的國際形勢,肯定不會是每個國家或地區的閉門造車,美國政客宣說的美國優先、美國製造,又或者習近平所提倡的內循環,在現實中不太可能會發生。這是因為全球生產鏈互相依賴的程度已經密不可分,任何孤立行為對雙方甚至多方,都會造成龐大損失;而且,每個地區有各自的比較優勢,現代經濟社會中,貿易不止是互通有無這般簡單。

從個人以至於國際貿易的基礎所依靠的不是絕對優勢,而是比較優勢,各方出售自己相對有優勢的產品、技術或服務,賺取貨幣來購買自己優勢較差的商品,從而使貿易雙方都能夠得益。因此,某種商品的貿易在國與國之間發生,必然是在比較優勢的基礎下,雙方均認為有利可圖而產生的。若因為自己出現貿易逆差,而認定有順差的對家是佔了便宜,按此邏輯,美國長期作為最大的貿易逆差國,那麼全世界都在佔美國便宜了?難怪美國會認為全世界都是敵人。在過去20年來,美國政客一直宣傳中國以控制匯率來實現不

平等貿易優勢，而在特朗普當總統期間，也直指自己的盟友——歐盟是美國貿易上的敵人。

動盪時刻各國更強調比較優勢

若其中一方堅持維護自己的絕對優勢，而期望通過貿易來削弱對方，在這情況下，因為資源用在自己效率較低的領域，雙方都沒有機會把自己的比較優勢發揮得最好，從而使機會成本上升，並最終導致雙方的利益一同下降。把這情形套用在發達國家與發展中國家之間的關係上，若發達國家認定貿易令自己受損從而利用行政手段干擾市場，發達國家承受的邊際利潤損失會比發展中國家更大。貿易就是這麼一回事，若能善於利用對方的比較優勢，那麼雙方都能得益；若把對方的比較優勢當作是威脅，下場則是雙方都受損。

因此，我相信在國際貨幣體系進入動盪期間，各地區或國家之間反而會更強調發展自己的比較優勢，在國際勢力中盡可能站穩陣腳。而當今世界經濟的主要勢力則可分成四大話語權，分別是「金融話語權」、「科技話語權」、「製造話語權」和「天然資源話語權」。 投資者為未來做資產配置時，不妨從這幾個話語權考慮。

就各國的比較優勢來看，「金融話語權」被美國壟斷；「科技話語權」分佈於歐美日韓台等地區；「製造話語權」暫時仍然由中國主導，但印度及東南亞國家的崛起也不容忽視；至於「天然資源話語

權」則分佈於非洲、南美、東南亞和石油輸出國組織國家，例如伊朗及沙地阿拉伯等國家。

金融話語權──看新加坡崛起

「金融話語權」是美國的最大比較優勢，也是它的絕對優勢。以美元為中心的國際貨幣體系，令美國能夠以極低的幾分錢成本印製百元美鈔，而其他與美國貿易的國家卻要付上實實在在的資源和血汗，努力生產商品和服務來換取美元。在這種不平等機制下，美國卻反過來斥責其他國家利用貿易優勢賺取美元、令美國工人利益受損，企圖重新提倡本土製造，這種態度除了可恥，也很可能得不償失。

美國的比較優勢集中在金融與技術領域，強行利用金融話語權，無視本土製造低效率的情況，以行政手段營造在製造業上的優勢，這不單止會進一步拖低資本及生產效益，更會對自己本身所享有的優勢造成長遠損害。過度無節制地利用優勢攫取利益，令美元使用者受損，這種作法逐漸令美國的金融優勢變成缺口，其他國家對長遠繼續沿用美元的戒心正急速膨脹，對美元的依賴度已形成明顯的下降趨勢，從而削弱自己的金融話語權力量。

被喻為「價值投資之父」的葛拉咸形容股市在短期是投票機器，在長期卻是秤重機器，即使無視美國的債務及扭曲操作不談，未來

全球金融話語權的分佈也有很大的機會更趨向於實體經濟力量。以MSCI世界指數為例，它應該要反映的是全球股市的整體表現，但當中的成分股中接近六成卻是由佔全球經濟約四分一的美國所佔據，日本及英國佔全球GDP份額約6％及3％，而兩國在MSCI世界指數的佔比大約是6％及4％，大約也恰如其分；不過，中國作為全球第二大經濟體、佔全球GDP約五分一，但其在MSCI世界指數中的佔比卻只有3.8％，比英國還少。若MSCI全球指數更多地反映全球經濟，美國在該指數的佔比將要大幅下降，而中國及其他新興國家的佔比則要顯著增加。

MSCI公司未來會否因應世界經濟結構的改變而調整其世界指數的持股比例，很可能還要涉及美國或其他國家的政治因素，但全球經濟以至金融重心正在逐漸重整，即使美國暫時仍然是「金融話語權」的壟斷者，長遠而言，押注在美國金融業的預期表現將會較後起者落後。

中國和新興國家的冒起，令亞洲地區有足夠潛力成為全球金融領域的後起之秀，其中，新加坡的金融發展絕對值得期待。新加坡匯聚東西方文化、是區內的中立國家、有穩定的政治環境、低稅率、建全的司法體系和奉行普通法，本身又是連結東協和大中華市場的重要樞紐、是東南亞最大市值的股市，有足夠條件在亞洲勢力崛起的過程中成為區內最重要的金融大港。

在香港「二次」回歸後，新加坡成為東西方資金及金融人才的重

要駐地，據《彭博社》的報導，到2021年底，新加坡的家族辦公室數量按年上升了接近一倍達至約700間，近年資金管理行業的管理資產規模一直以雙位數增長，在香港成立的惠理集團（Value Partners Group）聯合創始人謝清海也表示要跟著資金走，把業務重心轉移到新加坡。

新加坡金融地位超越香港

事實上，新加坡的金融中心地位已超越香港，英國Z/Yen集團與中國（深圳）綜合開發研究院共同發表的全球金融中心指數（GFCI），2022年新加坡超越香港躋身全球三甲，香港一直引以為豪的「紐倫港」，已經被「紐倫新」所取替。即使財政司長陳茂波以港股總成交額比新加坡高出20倍等數據支持香港的金融優勢未變，但國際清算銀行（BIS）的數據顯示，在全球外匯市中，本身份額已較高的新加坡，從7.7%進一步上升1.7個百分點至9.4%，而香港的份額不升反跌，市佔率由7.6%降至7.1%，與新加坡的距離再度拉闊。

更值得期待的是，新加坡除擁有足夠成為東西匯聚金融中心的客觀條件外，該國政府也表現積極推動金融業的發展和吸引人才。在2022年，新加坡就公布了「金融服務業產業轉型藍圖2025」，推出了五大戰略方向，分別是：厚植資產類別實力、金融基礎架構數位化、促進亞洲淨零轉型、形塑金融網絡未來，以及培育兼

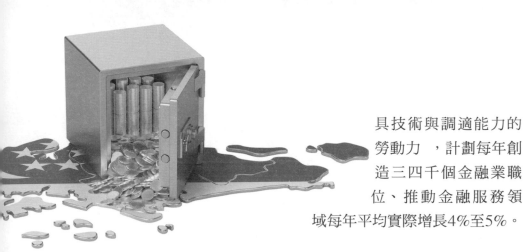

具技術與調適能力的
勞動力 ，計劃每年創
造三四千個金融業職
位、推動金融服務領
域每年平均實際增長4%至5%。

新加坡政府的發展規劃算是靠譜的。該果在2017年已推出「金融
服務業產業轉型藍圖」，當時的五年規劃都已經超額完成；相比
起來，香港過去十幾年來分別搞過甚麼中藥港、數碼港、驗證中
心、仲裁中心等規劃，似乎最終都石沉大海。

新加坡的金融股中，規模較大的有東南亞最大銀行的星展銀行
（DBS）、華僑銀行（OCBC Bank）和大華銀行（UOB），這3家
銀行也是新加坡股市中市值最大的3檔股票。

圖表 4.5　於新加坡掛牌銀行股一覽

企業	上市編號	市值[#]
星展銀行（DBS）	SGX：D05	873.5億新加坡元
華僑銀行（OCBC Bank）	SGX：039	551.5億新加坡元
大華銀行（UOB）	SGX：U11	516億新加坡元

註#：市值截至 2022 年 12 月 16 日
資料來源：Yahoo Finance

科技話語權——歐美日韓優勢各異

「技術話語權」分佈於歐美日韓地區,當中也是以美國的優勢最為明顯。美國的大學匯集了全球七成以上的諾貝爾得獎者、全球最頂尖20間大學中,按科學貢獻度衡量,美國佔了其中17間,培育出世界一流的工程師和科學家;全球最頂尖的科技公司大部分是美國企業;而且,美國在軍功、航天、醫學、信息科學等領域也有壓倒性的技術優勢。

至於歐洲(包括英國),諾貝爾得獎者僅次於美國,在工業領域、精密機械、微電子、軍工、環境科學等領域也是世界一流之列。其中,歐洲的空中巴士集團是世界少數能生產大型廣體客機的製造商之一,與美國飛機製造商波音共同主導全球的民用客機市場,足以證明歐洲在科技的領先優勢。

至於日本和韓國的科學及技術水平也在全球位列前矛,日韓在美國國家專利局申請的專利數量,僅次於美國。日韓企業,例如東芝、三菱、三星等都擁有強勁的科研實力,在半導體、尖端機械人、材料科學方面擁有龐大的科研力量。

世界知識產權組織(WIPO)發布的《2022年全球創新指數報告》從創新投入和創新產出兩個方面,設置政策環境、人力資本與研究、基礎設施、市場成熟度、商業成熟度、知識與技術產出、創意產出等7個大類81項細分指標,對全球132個經濟體的創新生態

系統表現進行綜合評價排名，頭五位的排名分別是瑞士、美國、瑞典、英國和荷蘭，被評為世界上五大最具創新性的經濟體；韓國和新加坡分別排名第六及第七，是最高排名的亞洲國家，日本則排第十三位。雖然創新指數排名更高不直接等於該國有更高的科技含量，但卻反映該國有更大的優勢發展領先科技。在這個排行榜中，中國排第十一，反映中國在科技創新領域上的全球地位，比我們過往所了解的已更有優勢。

雖然歐美日韓在「技術話語權」上有較大持份，但各自對如何利用自身技術優勢的態度就存在很大差異。

美欲拉攏結盟　日韓取態曖昧

美國前總統卡特（Jimmy Carter）曾說過，美國堪稱是史上最好戰的國家，而這種好戰態度在科技領域也可看到。美國將科技優勢當作武器，通過禁止技術出口或使用的方式來拖慢其他國家發展。近年主要打擊的對象是中國，以前也曾用相同方法打擊其他國家。早在1980年代日本經濟起飛時期，日本在半導體市場的佔有率已超越美國，在高峰時，日本的DRAM擁有全球80%的市場份額，也因此成為美國的打壓對象，制裁三菱和日立等半導體生產大廠，以日本企業竊取美國技術為理由，起訴日本企業，其後在1989年與日本簽訂了《日美半導體保障協定》，強迫日本開放在半導體方面的知識產權和專利，並以支援韓國發展半導體產業的方式，弱化日

本在半導體產業的力量。40年後的今天，美國正重施故技，一方面企圖聯合盟國禁止對華出口高技術晶片，另一方面以國防合作讓台灣把台積電的領先技術和專利移師美國。

至於歐日韓對於利用自身技術優勢的態度則比美國開放得多，尤其是歐洲，在嚴重通脹及經濟衰退的大環境下，已強調會繼續與中國保持經濟合作，歐洲三大晶片製造商：意法半導體（STMicroelectronics）、英飛凌（Infineon）和恩智浦半導體（NXP Semiconductors）亦明言無計劃停止在中國業務。

至於日韓方面，拜登政府積極拉攏台灣、南韓、日本組成「晶片四方聯盟」，除了台灣表現非常積極配合外，日韓的反應都較為尷尬。日本的角色相對被動，但也正在嘗試採用雙軌模式，兩面討好，以分離中美業務的方法規避地緣政治風險。而中國是南韓半導體設備出口商的最重要市場，佔比達到六成，而半導體產業佔南韓GDP兩成，對南韓而言難以放棄中國市場。除非美國能以其他方式為日韓作出同等分量的經濟補償，否則，美國堅持以科技優勢孤立中國的取態，將會迫使歐日韓等區內鄰國與中國建立新的供應鏈系統以規避美國的制裁風險，情況就像德國、法國及英國以新的貿易機制INSTEX繞道與伊朗貿易一樣。而且，中國在歐洲經濟的持份比伊朗大得多，以波音及空中巴士為例，隨著中歐關係更密切，空中巴士的業務前景比波音更正面，比較最近一年及5年的股價，波音分別下跌了19%及32%，而同期空巴股價分別的走勢分別是持平及上升35%。

歐洲的科技公司中，凱捷（Capgemini）、艾司摩爾（ASML）、諾基亞（Nokia）、思愛普（SAP）、ASMInternational、英飛淩等都是在全球舉足輕重的科技巨企，也是不少科技基金的重點持股。

圖表 4.6　歐洲主要科技巨企資料

企業	上市編號	主要業務	市值[#]
凱捷（Capgemini Capgemini）	Euronext: CAP	資訊科技服務管理	286.6億歐元
艾司摩爾（ASML）	Euronext: ASML NASDAQ: ASML	半導體設備	2,373億歐元[^]
諾基亞（Nokia）	OMX: NOKIA Euronext: NOKIA NYSE: NOK	通訊網絡裝置	255.5億歐元[^]
思愛普（SAP）	NYSE: SAP	企業軟件	1,234.8億美元

企業	上市編號	主要業務	市值[#]
ASM International	Euronext: ASML	半導體設備	128.4億歐元

註#：市值截至 2022 年 12 月 16 日，金額為四捨五入。
註^：該企業於泛歐交易所（Euronext）掛牌之市值
資料來源：Euronext、Yahoo Finance

南韓方面，除了半導體產業以外，反映出韓國的科技力量的還有軍備工業，根據韓國進出口銀行的報告，相比2012年至2016年的5年，2017年至2021年間，韓國武器出口金額增長了176.8%，武器市佔率以2.8%位居全球第八。2021年南韓的軍備出口銷售已達到70億美元，預計在2022年更會突破100億美元，超越中國成為亞洲第一大武器出口國，在全球中僅次於美、俄、法，成為全球第四大軍備出口國。而當地的武器製造商有 Victek、Hanil Forging Industrial、Speco、韓國航空宇宙產業（KAI）等，在2022年全球股市動盪中，南韓軍工股股價也普遍能錄得雙位數的升幅。

圖表4.7　南韓主要軍工企業一覽

企業	上市編號	市值[#]
Victek	065450.KQ	1,259億韓圜
Hanil Forging Industrial	024740.KQ	798.9億韓圜
Speco	013810.KQ	709.3億韓圜

註#：市值截至 2022 年 12 月 16 日
資料來源：Yahoo Finance

製造業話語權——中國遇樽頸 對手急追

說到「製造業話語權」，中國的優勢是無容置疑的，即使近年有關製造業西升東降之說不絕於耳，《彭博商業週刊》（*Bloomberg Businessweek*）早於2010年就曾經刊登一篇《工廠何以紛紛撤離中國》的文章，解釋中國製造業因為人工上升等原因向印度、東南亞、非洲等地轉移，而較高端的製造業則為了打造成歐美品牌而移師西方國家，認為中國製造業已成為明日黃花。

但實情是，在2012年至2021年間，中國製造業卻連續22年居世界第一，工業增加值由20.9萬億人民幣增加到37.3萬億人民幣，其中，製造業增加值由16.98億人民幣上升至31.4萬億人民幣，佔全球比重從22.5%提高到接近30%，相比下，2021年美國的製造業增加值只有2.563億美元（約16.66億人民幣），而美、德、日三國佔全球工業比例分別是16%、7.4%、5.2%，中國工業的全球佔比幾乎是三國之和。

為甚麼10年前的「明日黃花」卻成為了黑馬呢？這是因為經濟學家們只從人工成本等因素考慮，忽略了中國製造業最大的競爭優勢在於擁有完備的體系和生產鏈，也低估了中國的產業升級進度。據中國工信部的資料，中國工業覆蓋41個大類、207個中類、666個小類，在500種主要工業產品中，有40%以上產品的產量居世界第一，是世界上工業體系最健全的國家。這種覆蓋寬廣的體系，造就了高效的製造業流程，從原料、零部件、到組裝、打包等整個製造

流程能夠一氣呵成，這種高效操作能夠抵銷不斷上升的工資成本，在中高端、毛利較高的商品領域尤其如此。

中美磨擦　墨西哥代工得利

不過，由於經濟結構、人口結構等因素改變，中低端製造業持續外流到其他新興國家的情況真實存在，而且，高端製造業上，與歐美日等地區仍有技術和工藝水平差距，令中國製造業面臨樽頸問題，需要推動產業鏈升級改造。在這個時候，墨西哥、印度、東南亞各國悄然崛起。

墨西哥製造業的興起，部分原因與中美貿易磨擦、美國推動「近岸外包」有關。美中磨擦，美國推動產業鏈向美國鄰近國家（例如墨西哥）回流，在美國部分進口商品上，墨西哥成為中國的重要替代，例如交通運輸設備、電氣設備、電腦、電子產品等。在2015年至2021年間，墨西哥的出口金額增長了三成，出口佔GDP比重由大約32%上升至突破40%。

在這背景下，美國自然成為墨西哥最大的出口對象，因此，美國佔墨西哥全部出口約八成。墨西哥對美國的依賴也成為該國的重大風險，在政策及貿易上都要聽從美國的方向，2020年被迫簽訂《美墨加貿易協議》（USMCA）便是一例。而且，墨西哥出口至美國的貨物中，大約四成的材料和零件來自美國生產，即是說，墨西哥

的出口價值中有四成是屬於回流貨品，墨西哥只是進行組裝或其他較低技術的工序，而且，依美墨加協定，美國提出了「國內產品附加值佔比要求」，又要求「轎車、卡車及相關零件的部分生產要在美國進行」，即是說，美國只把墨西哥作為代工廠，完全沒有給予其長遠發展的機會，當有天美國的自動化生產比例大幅提高後，墨西哥目前所享有的製造業優勢便會蕩然無存。

印度經濟增速　機遇見隱憂

印度是第二大人口國家，有龐大的廉價勞動力，巨大的市場支撐了該國發展出較強的研發能力和世界級企業。相對於中國因為經濟結構改變而步入量轉質、較為放緩的增長期，印度的經濟增長仍處於高速增長期，2021年GDP增長高達8.9%，國際貨幣基金組織（IMF）預計，2022年印度GDP更將超越英國，成為全球第五大經濟體。隨著印度經濟的急速成長，近年全球十大富豪中已新增了兩名印裔富翁；全球對印度市場的關注度也顯著上升，迪士尼在2022年推出了印裔超人MS MARVEL正是吼準了龐大的印度市場。

2014年，印度推出了「印度製造」（Make in India）計劃，鼓勵本地生產，希望在2022年把製造業比例提升到佔國內生產總值25%以上，截至目前，雖然效果未如預期，2021年印度製造業仍然只佔GDP約15%，但「印度製造」也有一定效果，這些年來成

功吸引了蘋果、三星、日立和KIA等知名企業落地投資，印度佔全球智能手機製造業的生產比例也上升一倍至大約20%；而且，2020年印度政府再推出「生產連結獎勵計劃」（production-linked incentive），進一步加速了印度製造業的發展，促使了印度製造業產出在2021年同比大增22.32%至4465億美元。

以印度的人均收入程度，當地的發展仍只是起步階段，潛力非常巨大，但投資印度也需要留意不少風險。第一是匯率風險，雖然印度SENSEX指數在5年間上升了接近一倍，從大約3萬點上升至逾6萬點，但因為印度長期雙赤字，同期印度盧比兌美元匯率也下跌了超過兩成；在商品價格上升和因為美元加息而出現資本外流，2022年第二季印度的經常帳赤字上升至GDP的3.6%，為9年來最大，對印度盧比的匯價形成更大壓力。

第二是印度股市的投資風險，2022年，印度經濟是少數錄得高增長的國家，其股市也成為少數錄得正回報的國家，2022年頭10個月，印度SENSEX指數上升了約5%；但隨著印度股市的攀升，其投機程度也愈益浮現，印度SENSEX指數的市盈率及市銷率都高達3.5倍。相比起來，有量寬支撐的美國標普500的市銷率高點才3.04倍，沒有量寬支持的印度卻高達3.5倍，顯示印度投資市場存在一定程度的瘋狂。

據彭博報導，印度要搶佔中國的市場份額需要很長時間，例如若蘋果將中國10%產能轉移就需要8年時間。即使印度前景再好，但太早或以過高的價格投資當地市場也可能得不償失。

承接華外流訂單　東南亞各有優勢

至於東南亞，若把東南亞作為一個整體觀察，該地區在製造業上有四大優勢：第一，人口結構年輕，生產力及學習力較高；第二，鄰近中國，一來較容易承接從中國外流的訂單，也能夠連接中國這個龐大的消費市場；第三，中產階級快速成長，在東協國家中已有約7,000萬戶家庭成為年收入逾7500美元的中產階級，麥肯錫預計2025東協的中產戶數將上升至1.25億，成為區內的重要消費力量。而最重要的是，區內有豐富天然資源，而且各國產業鏈的比較優勢各異，有利區內互補和生產鏈長線發展，東南亞中最重要的五大製造業國家的優勢產業各別，在承接中國製造業過程中受益的行業不同，避免了直接競爭。例如，越南的比較優勢在紡織服裝業、農產品和機電儀器設備等行業；印尼有豐富礦產資源，在農產品、礦產品和非金屬製品等行業有明顯的比較優勢；馬來西亞的工業體系較完整，又是東南亞的第二大產油國和天然氣生產國；泰國的比較優勢側重於農產品和非金屬製品；而菲律賓的優勢則在於機電儀器設備方面。

2022年，G20峰會和亞太經濟合作會議（APEC）兩大國際經濟合作論壇分別選址在印尼及泰國舉行，中美兩大國之間競爭激烈，東南亞也成為了兩國的拉攏對象，也是區內經濟得到較大支持的背景因素。其中，印尼是區內的最大人口國家，而越南在地理上鄰近中國、最契合中國產業轉移的國家，近年李嘉誠在東南亞布局中，重點投資主要也分布在印尼、越南和新加坡三地。

天然資源話語權──非洲的崛起

讀者看到這裡，可能會以為我是一個反美主義者，在為那些所謂東升西降的口號吶喊。東方國家正直中產人口上升，經濟將會繼續向好發展是再自然不過的事，但我認為未來世界發展得最快的地方，卻會是天然資源豐富的非洲，人類經歷了幾千年的遷徙，是時候再次望向這片非洲大陸。

看好非洲前景有三大核心原因。第一，貫徹本書的主調，當美元體系出現信心危機之際，國際市場將會從爭奪美元轉向爭奪天然資源；第二，地緣政治動盪也使得能源、糧食等資源成為爭奪對象；第三，非洲的城市化建設、數字及消費經濟已成為一個發展迅速的市場，但卻未被投資市場重視。

非洲擁有非常豐富的天然資源方面，資源分布以撒哈拉沙漠為分界，北非有豐富的石油和天然氣，西非有鐵礦、南非有鑽石、黃金、東非有燃煤。非洲在全球的礦產資源中佔有非常重要的地位，全球開發利用的150多種礦產資源在非洲均有分佈，尤其產有鐵、銅、金、鈷、鎳、稀土、稀有金屬、稀散金屬、石墨、螢石等50多種與戰略新興產業和高科技產業密切相關的戰略性礦產，多種礦產儲量位居世界前列，例如，鉑族金屬的儲量佔世界總儲量的93.04%，磷礦石佔83.90%，鈦（TiO2）佔80.85%，鋁土礦佔33.60%。能源儲量也非常豐富，2019年，非洲已探明石油儲量約佔世界總儲量的7.2%，石油產量佔世界總產量的8.8%；非洲已探

明天然氣儲量佔世界總儲量的7.5%，天然氣產量佔世界總產量的6%。石油輸出國組織13個成員國中，有7個成員國位於非洲，包括阿爾及利亞、利比亞及剛果等。若以天然資源儲量作為衡量國家財富的標準，很多非洲國家會躋身前列。而且，非洲大陸佔地面積廣大，也適合發展太陽能、風能等可持續能源，在地理位置上，較有條件成為代替俄羅斯成為歐洲能源供應的主要地區。

持續開放　外商直接投資倍增

農業方面，非洲有廣大的未開發農地，只欠缺健全的自動化種植系統，農作產率難以提升；不過，隨著中國的城市化剝奪了農業耕地，中國從農業大國轉變為全球最大的農產品進口國家，令中國有極大誘因協助非洲的農業發展以滿足中國市場的糧食需求，中國在非洲的農業科技投資將會長足增加。

過去，我們印象中的非洲，是充斥貧窮、戰亂、疾病，取笑別人太瘦會比喻人家來自埃塞俄比亞，這種世界觀念顯然已非常落後，非洲很多國家雖然未稱得上發展中的地區，至少已告別貧窮，現在的非洲已擁有自己的網路科技市場，有自行開發的手機支付程式，中產階級也在發展之中。

贊比亞經濟學家莫約博士（Dr Dambisa Moyo）在她2018年的文章《非洲威脅》（*The African Threat*）中曾這樣指出：「世界需要

與非洲打交道，幫助解決非洲的問題，這些問題遲早會成為全世界的問題。」全球對非洲的關注愈見明顯。雖然新冠疫情一度令非洲的外商直接投資（Foreign Direct Investment, FDI）減慢，拖慢了非洲大陸自由貿易區（African Continental Free Trade Area, AfCFTA）的發展，但2021年，流入非洲的FDI仍以倍數增長，較2020年同比增長113%至830億美元，當中流向南非的資金更從2020年的40億美元上升10倍至420億美元。

圖表4.8　2020年及2021年流入非洲各區的外商直接投資

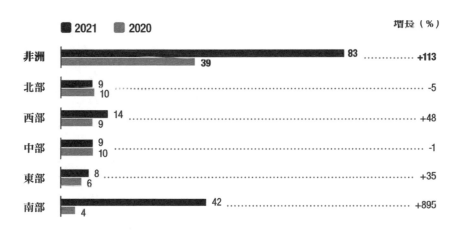

資料來源：聯合國貿易和發展會議（UNCTAD）

AfCFTA是全球面積最大的自由貿易區，非盟55個成員國中，44個成員國已於2018年簽署AfCFTA協定，其他成員國也會陸續簽署，以參與的國家數量而言，AfCFTA是自世界貿易組織（WTO）成立以來最大之單一市場，金額規模有3.4兆美元。

根據聯合國貿易及發展會議(UNCTAD)之「2021年非洲經濟發展報告」(Economic Development in Africa Report 2021)，非洲內部貿易未開發之出口潛力達219億美元，相當非洲境內出口貿易總額之 43%（謹註：以非洲2015年至2019年貿易平均值計算），而目前非洲的區內貿易僅佔其貿易總額比重約16%，遠低於亞洲區內的58%、歐盟67%、北美洲的31%，若AfCFTA進一步消除非洲區內的關稅障礙，將可減輕商貿易成本、加強區內貿易的活力。世界銀行估計，全面實施AfCFTA可使當地3,000萬人擺脫極端貧窮，約6,800萬人擺脫中度貧窮。這些脫貧人口也將成為非洲境內經濟增長的內生動力。

不過，投資於非洲還是有不少風險和需要更多認識。非洲是一個廣闊的大陸，其中有54個國家，各自有著極其不同的文化和發展程度，顯然是一個高度分散和多樣化的地區，要對非洲有較全面的認知需要花更多的時間和資源。而且，非洲國家作為剛起步的開發中國家，未來的發展仍需要多方的力量配合，不確定性仍高，應對國際市場衝擊的能力也較弱，根據非洲開發銀行預計，2022年非洲的平均通脹率將達到13.5%，令當地經濟及財政狀況飽受壓力。此外，在全球地緣

政治不穩、資源缺乏的年代，較發達的地區也必然會對擁有豐沛天然資源的非洲大陸虎視眈眈。

圖表 4.9　2021 年非洲主要國家人均國內生產總值

國家	人均國內生產總值（美元）
毛里求斯	8,812
博茨瓦納	7,348
南非	6,994
納米比亞	4,729
埃及	3,876
摩洛哥	3,497
科特迪瓦	2,579
加納	2,445
安哥拉	2,138
尼日利亞	2,085

註：金額為四捨五入
資料來源：世界銀行

改變風險定價模式
多元投資 持盈保泰

國際社會上陸續出現了更多美元力量弱化的跡象，例如，SWIFT
公布的2022年11月全球支付貨幣排名中，人民幣在以SWIFT系
統在全球支付的佔比升至2.37%，同期日圓的份額降至2.54%，
若兩者差距接近，甚至人民幣在超過了日圓份額，這是能夠動搖美
元指數成分組成的一大因素；另一邊廂，在亞洲區內以本幣結算的
貿易正在加快增長，中國正在摩拳擦掌要促成上海石油天然氣交易
平台，讓能源以人民幣進行結算，中國已成為了中東石油的最大買
家，相反，美國石油則成為了中東的競爭者，而且，中東有愈來愈
多的商品要從中國購買，兩地貿易趨增，使用第三方貨幣進行交易
並因而承擔龐大匯率成本的動機正在迅速消退。

另邊廂，俄羅斯被美國制裁後，又再加速了去美元化的進程，而中
東眾多國家也會借鏡俄羅斯，避免終有一日被美國實施金融制裁，
並希望能成為主導全球能源、掌握世界金融和政治秩序的重要持份
者之一。

黃金勝美元　成為「安全資產」

根據IMF的預估數據，2022年經常帳盈餘超過千億美元的國家只有中國、俄羅斯、德國和沙特阿拉伯，在美國經常帳赤字持續惡化的情況下，難怪美國的經濟及外交政策對這4國的攻勢尤其猛烈，德國正企圖擺脫受美國掣肘，而中俄和沙特的經濟關係也愈走愈近，這種三加一的去美元化勢力，正在吸引更多資源和製造業新興國家組成多個大大小小非美元經濟圈，進一步削弱美元力量。

另邊廂，黃金的韌性已掩蓋了強勢美元。美國財長耶倫在2022年曾信心滿滿地表示「美元是全球安全資產，經濟不確定性提高，資金自然會流向美元」。但這一年來的事實證明，黃金才是全球國家眼中的「安全資產」。世界黃金協會的報告顯示，2022年第三季，全球央行的黃金淨購買量接近400噸，較2021年同期增長300%，是從來沒有發生過的單季增量。黃金需求強勁，顯示的是全球央行加速去美元化步伐。即使美元指數在2022年上升了10%，但黃金價格依然紋風不動，全年只輕微出現0.7%的跌幅。踏入2023年，黃金與美國長債（$GLD/$TLT）比率刷新了歷史高位，而對上一次此比率急升時正值美國被標普調降債務評級，美債危機很可能一觸即發。

美失調控能力　只能擴張量寬

上述種種正是美元霸主地位動搖的跡象，但有趣的是，似乎投資者仍遠遠未肯接受這個事實。從財經專家、大眾媒體，到個人投資者，對美股市場的升跌猜測，絕大多數仍然以預期美國聯儲局是否要扭轉緊縮政策為依據。幾乎無人發現自己的信仰矛盾，在盲目相信只要聯儲局推行寬鬆政策就可解決所有問題時，實情是在承認聯儲局已失去調控經濟能力，只能無限擴張寬鬆政策。

借來的總要還，金融海嘯以來的大小經濟衰退，都被美國以印鈔或轉介等方式掩蓋，10多年的虛構繁榮，逾半世紀帝國模式經濟壓榨行為，換來的又豈是聯儲局一個再寬鬆政策就可以解決得了？美元衰落、新興貨幣冒起，美國要改變的不只是經濟政策，而是要正視「全世界應採用美國制度」的貪婪，負責任地尋求讓世界能夠持續多向發展的模式；而投資者需要改變的，就是對現行風險定價模式的依賴，放棄虛幻的升值、回歸長線投資，長線部署多元資產，才可持盈保泰，笑到最後。

Wealth 149

美元霸權衰落時

作者	梁樹德
內容總監	曾玉英
責任編輯	黃詠茵
書籍設計	Joyce Leung
相片提供	Getty Images

出版	天窗出版社有限公司 Enrich Publishing Ltd.
發行	天窗出版社有限公司 Enrich Publishing Ltd.
	香港九龍觀塘鴻圖道78號17樓A室
電話	(852) 2793 5678
傳真	(852) 2793 5030
網址	www.enrichculture.com
電郵	info@enrichculture.com
出版日期	2023年1月初版

定價	港幣 $138　新台幣 $690
國際書號	978-988-8599-92-9
圖書分類	（1）投資理財　（2）工商管理

支持環保　此書紙張經無氯漂白及以北歐再生林木纖維製造，並
採用環保油墨。